利用“海洋之空”技术治理开发黄河的建言

[日]赤井一昭　著
冯　樱　冯金亭　译

黄河水利出版社
·郑州·

图书在版编目(CIP)数据

利用“海洋之空”技术治理开发黄河的建言/(日)赤井一昭著;冯樱,冯金亭译.—郑州:黄河水利出版社,2010.12

ISBN 978-7-80734-950-1

Ⅰ.①利… Ⅱ.①赤… ②冯… ③冯… Ⅲ.①黄河-河道整治-研究 ②黄河-水利资源开发-研究 Ⅳ.①TV882.1

中国版本图书馆 CIP 数据核字(2010)第 248918 号

出 版 社:黄河水利出版社

地址:河南省郑州市顺河路黄委会综合楼 14 层　　邮政编码:450003

发行单位:黄河水利出版社

发行部电话:0371-66026940、66020550、66028024、66022620(传真)

E-mail:hhslcbs@126.com

承印单位:河南省瑞光印务股份有限公司

开本:787 mm×1 092 mm　1/16

印张:4.25

字数:74 千字　　印数:1—1 000

版次:2010 年 12 月第 1 版　　印次:2010 年 12 月第 1 次印刷

定价:25.00 元

写在《利用“海洋之空”技术治理开发黄河的建言》出版之际

赤井一昭先生早年毕业于日本大阪工业大学，一直从事土木工程、港湾技术工作，曾担任大阪深日港湾所所长，1995 年受聘兼任中国上海海岸带资源开发研究中心主任工程师。

由于赤井先生长年与海洋、工程建设等打交道，非常关注海域环境及能源利用方面的问题。他从海岸抛石堤中的水质变化及大阪湾明石海峡 100 多米深的大水深航路的现象着手，进行了长期的试验研究，于 20 世纪 80 年代初提出了利用自然力量保护海域环境的新技术——“海洋之空”技术，《海洋之空》一书已由冯樱、冯金亭翻译，黄河水利出版社出版发行。

所谓“海洋之空”，就是在有潮位变化的水域，用堆石之类的堤坝围拢起来的“空”间。伴随着自然潮位的涨落变化，水在其中流进流出，由是海洋、河口的水质得到净化，河口、航路得到维护，又得以淤积造地等。这完全是利用潮汐的能量进行的，不需要耗用能源，不需要运行成本，不产生环境负荷，可以说是减少温室效应、气体效应效果最好的低碳技术。

1993 年 6 月，赤井先生随海洋开发考察团来郑州访问，1994 年 9 月和 2002 年 9 月，赤井先生两次到黄河口进行考察访问，最近又将他撰写的《利用“海洋之空”技术治理开发黄河的建言》一书交由黄河水利出版社出版发行，这种对治黄事业的热情着实令人心生敬意。

21 世纪是构筑以环境保护为中心、与自然共生存的文明的世纪。为此，应该在各领域中研究开发能巧妙利用自然力量和自然法则、与自然共生存的技术。“海洋之空”技术正是这样一种技术。

黄河水利委员会主任

2010 年 7 月 18 日

译　序

赤井一昭先生早年毕业于大阪工业大学土木工程专业，先后在大阪工业大学、日本建设省高速公路局、大阪府土木工程部、规划部、企业局、环保部工作。曾担任大阪深日港湾所所长、大阪产业废弃物处理公社参事、大阪工业大学评议员。1995 年受聘兼任中国上海海岸带资源开发研究中心主任工程师。

赤井先生长期从事土木工程、港湾技术及废弃物处理工作，长年与海洋、工程建设、废弃物等打交道，非常关注海洋环境及能源利用等方面的问题。他潜心观察，于20 世纪80 年代初已经着手研究开发利用自然力量保护海域环境的技术，1981 年提出了自己的发明——“海洋之空”技术，此项技术 1997 年获得日本科学技术长官奖。

所谓“海洋之空”，简言之，就是在有潮位变化的水域，用堆石之类的堤坝围拢起来的空间。伴随着自然潮位的涨落变化，水在其中流进流出，于是海洋、河口的水质得到净化，生态环境受到保护，河口、航路得到维护，又得以淤积造地等，给各个方面都带来了良好而有效的结果。

此项技术有效利用自然的能量（潮汐、波浪、地球引力、太阳光、生态的生命力等），不需要耗用能源，不需要运行成本，不产生环境负荷，可以说是减少温室效应、气体效应效果最好的低碳技术。

从 1981 年至今，赤井先生始终如一地对此项技术进行范围广泛的实验验证、理论研究及国内外的宣传推广，还申请到多项国内外的相关专利，2010 年 4 月获得中国发明专利证书（证书号：第 608805 号）。2010 年 11 月 25 日，日本国社团法人发明协会为赤井先生的研究成果《利用“海洋之空”治水及构建水利系统》颁发了发明奖，以彰显其对科学技术发展和产业振兴的贡献（奖状附后）。

1993 年 6 月，赤井先生随海洋开发考察团来郑州访问，1994 年 9 月和 2002 年 9 月，赤井先生两次到黄河口进行考察访问，了解黄河入海口的潮位变化和泥沙的沉积状况，并进行了实地观测。最近，又将他撰写的《利用“海洋之空”技术治理开发黄河的建言》一书交由黄河水利出版社出版发行，这种对治黄事业的热情实在是令人感动。

21 世纪是构筑以环境保护为中心、与自然共生存的文明的世纪。为此，应该在各领域中研究开发能巧妙利用自然力量和自然法则、与自然共生存的技术。“海洋之空”技术正是这样一项出色的技术，是一项处在文明转换期所必需的新技术。虽然目前尚未被普遍认识和采用，在黄河上实施可否亦不得而知，但其发展前景是可以期待的。

译　者

2010 年 11 月 28 日

目　录

附录

1 前言

黄河每年输送大量的泥沙，堆积在河口，河道逐渐延伸变长，河床比降变缓。因此，河流的推移力下降、河床泥沙淤积，形成悬河，河道不稳定，引发很大的问题。

为此，中国政府对黄河的治理提出要解决三大问题，造福中华民族。三大问题即黄河防洪问题、水资源不足问题和生态环境恶化问题。同时作为黄河治理的四个具体目标是：堤防不决口、河床不抬高、河道不断流、水质不超标，并在积极地推进实施中。

为了解决上述问题，我们欲利用中日间曾经进行过研究的“利用海洋之空的潮流发生装置进行治水和疏浚航路”技术及“河流的连续净化·河床冲刷系统”技术，以期解决黄河的三大问题，达到黄河治理的四个目标。

具体说来，就是利用潮汐等自然能源产生潮流，冲刷黄河排沙，缩短靠水流重力支配的黄河的河流长度，提高河床的比降，加大河流的推移力，刷深河床，进而使黄河的河床稳定在一定的深度。缩窄河槽，整治河道，使大量的泥沙能安全地输送到下游。同时，由于河床维持了一定深度，河道里有蓄水，防止了黄河断流。净化水质，发展流域水利，鱼类自由溯流而上，丰富黄河的水产资源。充分利用黄河的大量排沙，筑造或加固“海洋之空”的潮流发生装置，把“海洋之空”的潮流发生水路作为大港口来利用，填造土地及滩涂，建造集流通、加工、制造于一体的基地，开发与中国文明发源地相适应的具有休闲度假、观光、疗养、娱乐功能的大型游乐基地，这就是我构想的提案。

1－1 黄河的变迁

本来，黄河作为中国文明的发源地，孕育并创造了灿烂的中华文明。但是，由于历史上的黄河泛滥，给两岸人民带来了莫大的灾难。

黄河本身就是一部治水的历史。

黄河每年输送 11 亿立方米的大量泥沙，淤积在河道与河口，历史上三年两决口，致使河道不断发生变迁。

图 1-1 ~ 图 1-4 显示了黄河流域的基本情况。

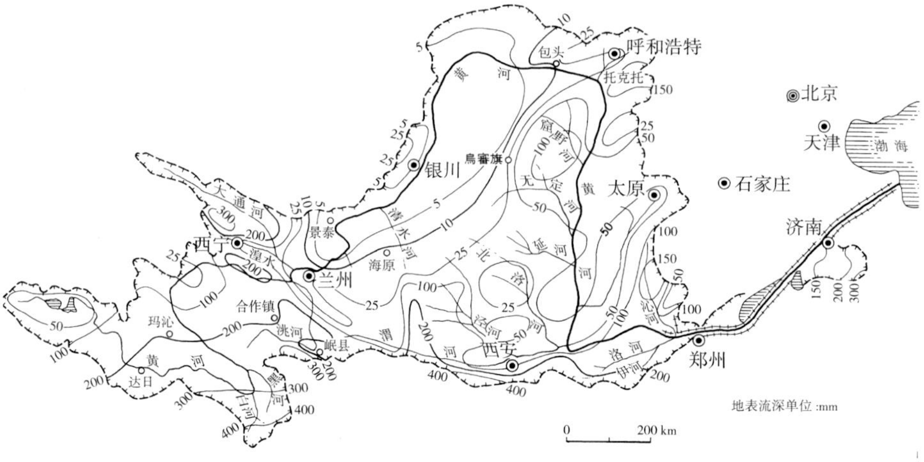

图 1-1　黄河流域图

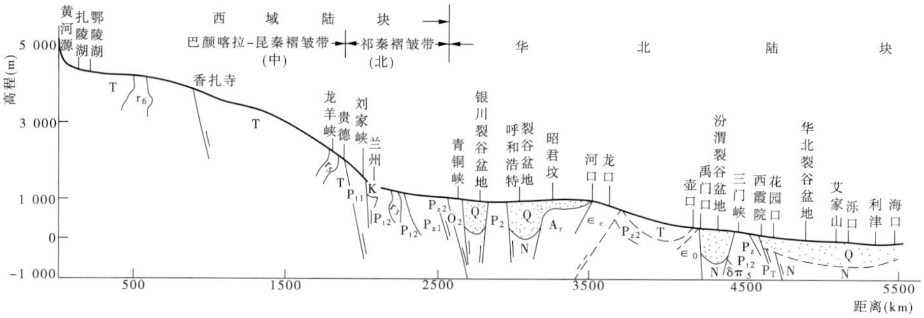

图 1-2　黄河流域纵断面图

黄河的河口地区，由于每年大量的泥沙排放，河流不断向海里延伸，河床比降变缓，排沙效果降低，形成地上悬河，由此酿出很大问题。照片 1-1为最近的黄河河口。

新中国成立后，由于黄河两岸的堤防不断加高培厚，迄今为止 50 多年间未出现过大的洪水灾害。但是，由于泥沙的不断排放，河床升高，现在已经形成高出地面 4 ~ 8 米的地上悬河。一旦堤防决口，波及北至天津、南至长江和淮河(差不多相当于日本国的本土面积)的 23 万平方千米，现在那里居住的约 1 亿人民的生命财产将受到严重危害。

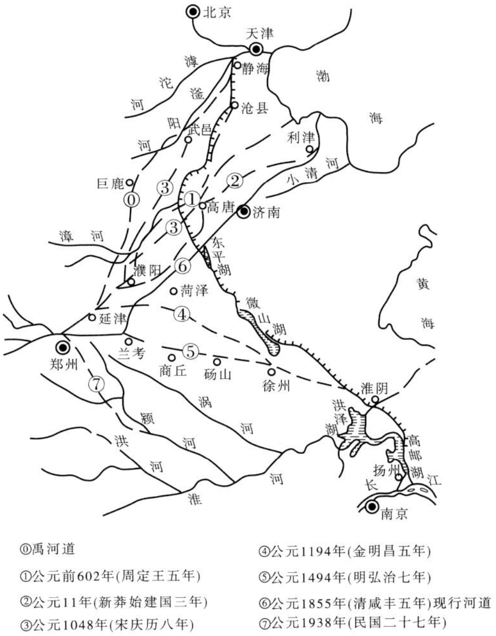

图 1-3　黄河中下游河道迁徙示意图

（摘自《黄河的治理与开发》,上海教育出版社）

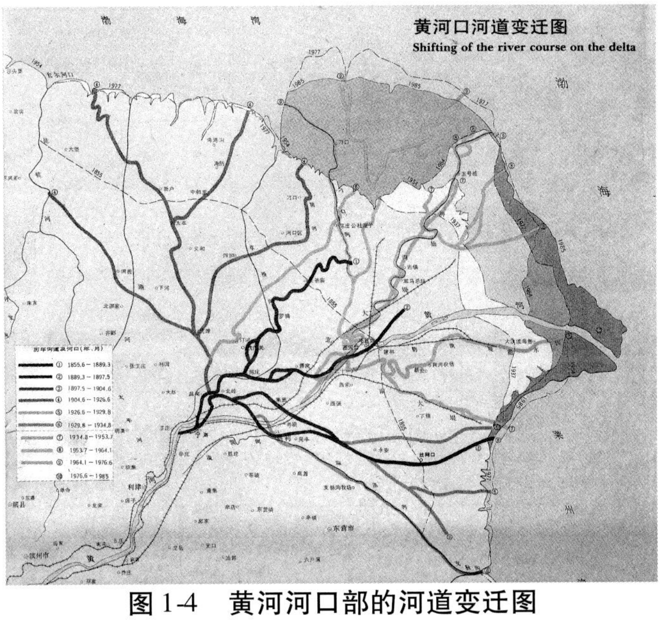

图 1-4　黄河河口部的河道变迁图

（摘自《黄河口》,黄河水利委员会宣传出版中心编印）

照片 1-1　最近的黄河河口航空照片

除上述问题外,近年来由于黄河上游地区不断重复兴建水库,黄河的断流及环境问题亦成为一项很大的课题。

1－2　黄河的治理

黄河从中游排出大量的泥沙,河流不断延伸,推移力下降,泥沙淤积在河道,使河道不稳定,经常造成河水泛滥。

泥沙的推移力,一般可以用式(1-1)来表达。

$$\tau = \gamma_w R I \tag{1-1}$$

式中:τ 为推移力;γ_w 为水的比重;R 为水力半径(水路的形状);I 为水面

比降、能量比降。

因此，要提高河流的推移力，必须加大水面比降，同时缩窄河槽，增大水力半径，用这种办法可以提高河流的推移力。

1-2-1　提高黄河的河床比降

采用“海洋之空” 的潮流发生装置技术，利用潮汐的能量产生潮流，缩短由水流重力支配的河流长度，提高河床的比降，有望增大黄河水流的推移力。

1-2-2　加深黄河的河槽（增大水力半径 R）

另一方面，采用“河流的连续净化・河床冲刷系统”这一技术，缩窄河槽、整治水路，加大河槽的水力半径，由此来提高排沙效果，降低河床，维持河道的稳定。

采用上述两项技术，提高黄河水流的推移力，降低河床，维持较深的河道，达到治水的目的。

在采用上述两项技术的基础上，进而把黄河排出的巨量泥沙以泥水的方式安全地输送到河口，把泥水中的泥和水分离，把水排放到海里，有效利用泥沙，有计划地在河口造地或海涂。

2 提高黄河河床比降、降低河床、稳定河道的技术

本来，河流是靠水流重力的能量支配的河流水域，在这个水域里，利用“海洋之空”的潮流发生装置(见图 2-1、图 2-2)，可以把河流河口部的水域变成靠潮汐能量支配的河流水域。

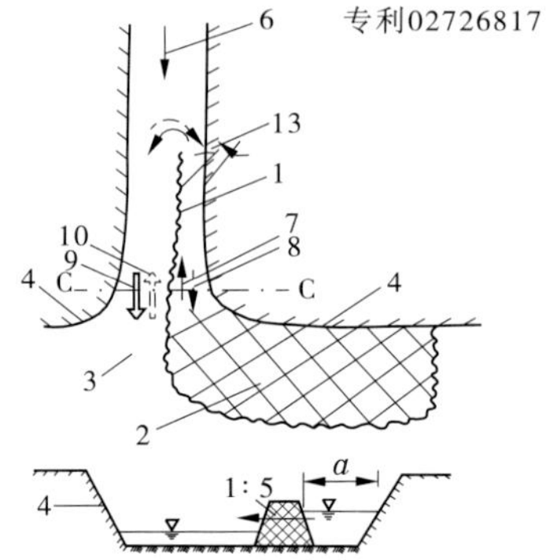

图 2-1 利用“海洋之空”发生潮流的装置

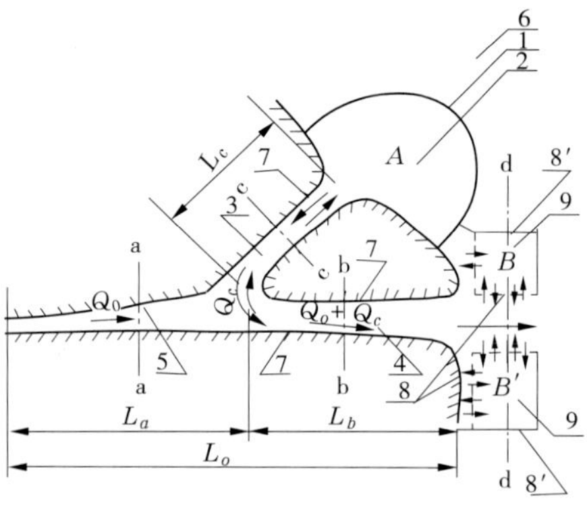

图 2-2 利用“海洋之空”的潮流发生装置的治水应用图

详细内容可参照作者所著《海洋之空》一书的 2－10、3－15、5－1 节内容。

2－1 构想的基本思路

通过能量的再分配，把本来是靠水流重力能量支配的河流水域变成潮汐能量支配的河流水域，在本来是靠水流重力能量支配的河流水域中，

上游部分充分激活河流的水流能量，河口部分充分激活潮汐的能量，利用这种办法，可以从功能上缩短上游部分的河流长度。

潮汐能量显著的河流的河口部，水流常常在海水面以下流动，河床也在海水面以下。图 2-3 为 1990 年提出的治理黄河和疏浚河口的构想图。

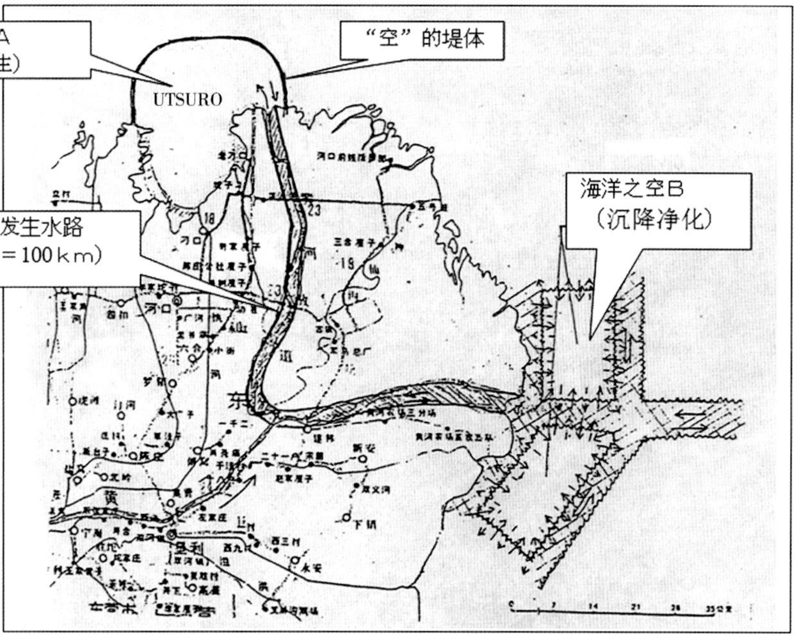

潮汐差：2 m；"空"的规模：400 km^2；水路长度：100 km；

水路断面(宽：3 km、水深：10 m)

图 2-3　1990 年提出的利用"海洋之空"的潮流发生装置

治理黄河和疏浚河口的构想图

采用上述办法，使上游部分由重力水流支配的河流水域的河流水面比降以及河床比降变大，上游河床的推移力增大，河床冲刷，黄河的河床由是得以降低(实现了河床不抬高的目标)。由此还能够提高洪水的疏通能力(实现了堤防不决口的目标)，使河道稳定成为可能。

为了将上述技术应用于黄河，使其充分地发挥作用，必须考虑具备以下条件。

关于利用"海洋之空"治理黄河和疏通河口构想的具体实施的基本事项

(1)不要让黄河的浑水流入产生潮流用"空"A内。

为了避免黄河浑水流入"空"A内、降低"空"A的功能，要充分延长"空"A的浑浊防止水路的长度 L。如果潮流的流入速度为 V、潮汐的流入时间为 t，则应充分满足：$Vt < L$。

(2)河口部的洪水疏通能力。

加大"空"A的规模，使其能产生可以和黄河洪水流量相匹敌的潮流，这样就能确保河口的洪水疏通能力。

(3)开发黄河河口部，使其能作为深水港来利用。

发生潮流水路能达到100千米，就可以把这种大水深流路作为石油等物流基地利用。

(4)大量泥沙的利用。

被冲刷下来的大量泥沙，以泥水的方式被输送到河口，有计划地设置"空"B，在泥水沉降净化的同时，填造土地或海涂，这些可以用做构筑和加固"空"A的材料。

(5)上述系统可用做黄河流域的大规模水质净化系统。

当前期望的是"空"B的浑水沉降净化和接触氧化作用，将来利用"空"A的封闭性水域构成高度净化系统，可以把水澄清，形成阳光透照通路，用做发展水产资源和观光游乐事业。

图2-4为"海洋之空"潮流发生装置的模拟结果。

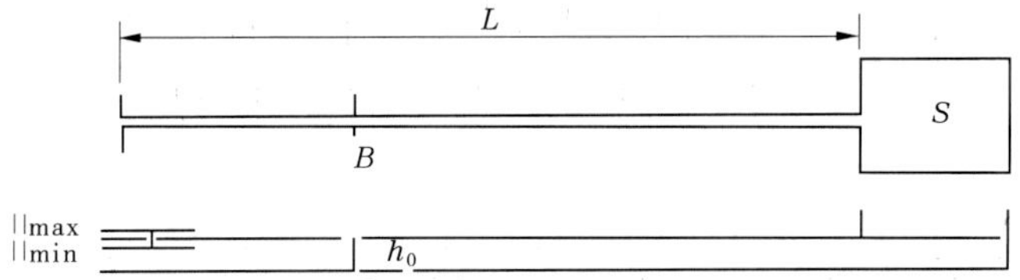

图① 流路和"空"的概要图

图2-4 "海洋之空"潮流发生装置的模拟结果

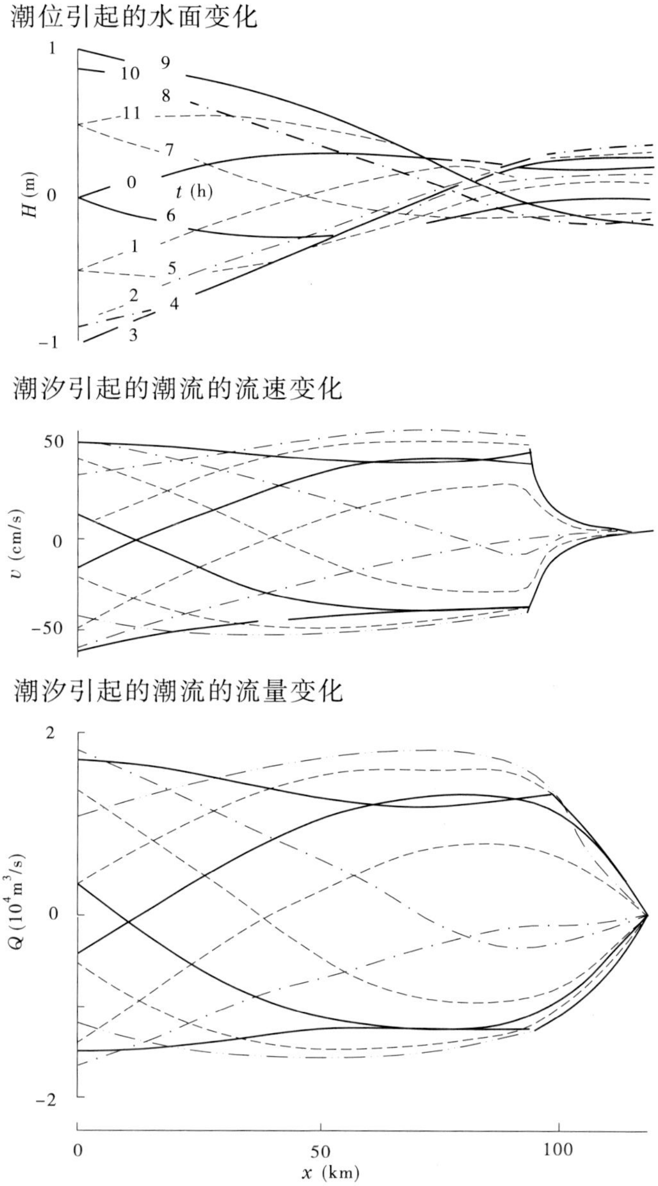

图② 水位变化、流速和流量

续图 2-4

2－2　黄河治理与河口疏浚构想的预期成果

由重力水流能量支配的黄河长度从河口缩短约60千米。离黄河河口60千米以上的上游部分的河床高度为5～6米，这部分河床由于潮汐的能量，冲刷至海水面以下（－10米以上），形成大水深水路，可用做航道和港口。

这样一来，由重力水流能量支配的黄河上游部分河流与下游部分交汇点处的河床产生大的落差，由重力水流能量支配的黄河上游部分的河床得到冲刷，逐渐向上游溯进，形成稳定比降，河床的纵断面则如图2-5～图2-7所示，黄河上游部分的河床降低了。

此时，从上游冲刷下来的大量泥沙，以泥水的形式被输送至河口，由于潮汐的能量，被收进“海洋之空”B中，沉降、净化，这些泥沙可以用于构筑或加固“海洋之空”的堤体，或者有计划地填海造地、填造海涂。

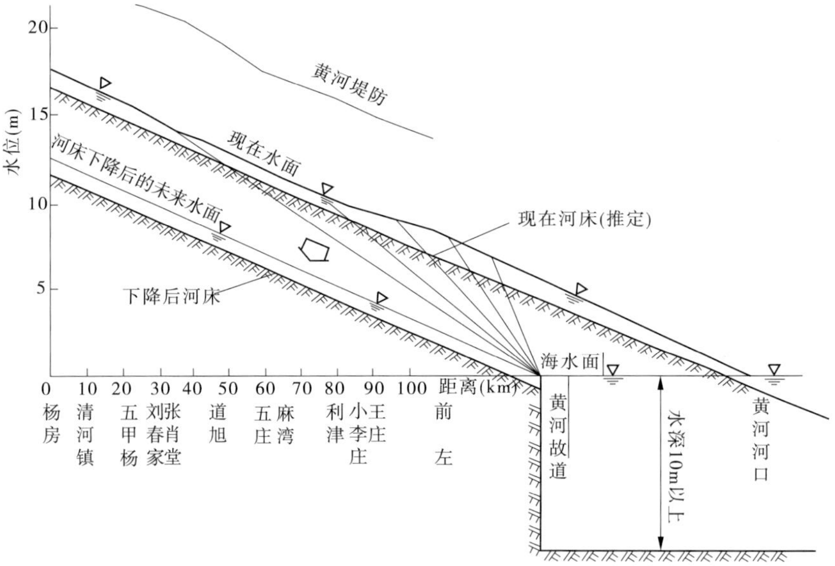

图2-5　利用“海洋之空”的潮流发生装置治水和疏浚河口实施后黄河河床下降的纵断面图

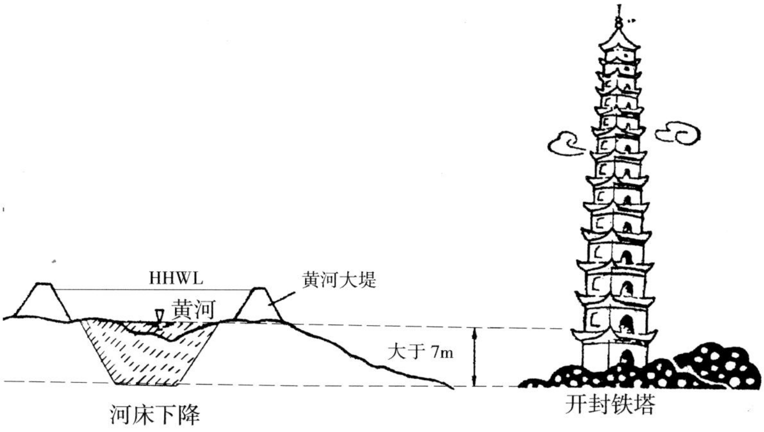

图 2-6　黄河中游部河床下降横断面图

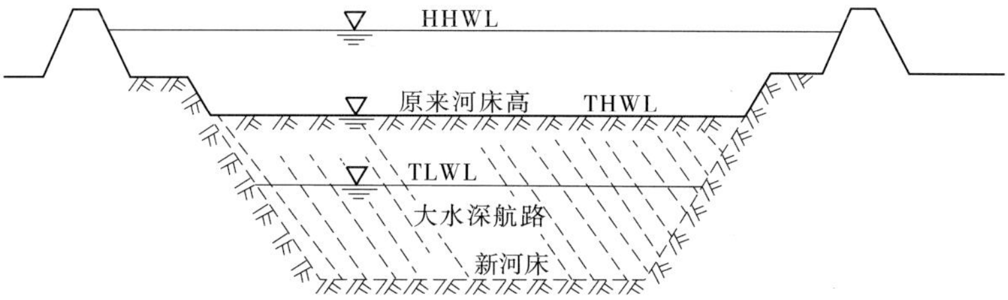

图 2-7　黄河河口部河床下降横断面图(靠潮汐能量冲刷)

2－3　新的潮流发生装置“海洋之空”A 的提案

黄河每年从中游排下大量的泥沙，为了充分发挥堆积地形的特质，构筑安全而恒久的产生潮流用“海洋之空”A，利用 Google 航空照片进行了研究。

作为解决黄河三大问题、实现黄河治理四个具体目标的方法之一，最重要的就是要在考察利用“海洋之空的潮流发生装置治理黄河和疏浚河口”这项技术的基础上，落实作为潮流发生装置的“海洋之空”A 的选址布局。

2－3－1　发生潮流用“海洋之空”A 的选址布局

发生潮流用“海洋之空”A 的选址布局，应具备以下几个条件。

黄河的“海洋之空”A 的布局条件

(1) 在黄河河口部，水深比较浅，“海洋之空”A 的围堤施工容易。

(2)最好是潮流和波浪小的水域。

(3)最好是被开发利用较少的海域。

(4)构筑“海洋之空”A 的材料容易得到。

(5)将来也能有效利用黄河现阶段的大量排沙。

(6)将来也能有效利用形成的平稳净化水域和水路。

黄河河口的海域,北部是渤海,最大水深为 20 米;东部是莱州湾,最大水深在 11 米以内;北部由于北风的原因,风浪也高。

根据最近的黄河河口的地形照片(照片 1-1),最好是设置在莱州湾。渤海·莱州湾的水深见图 2-8。

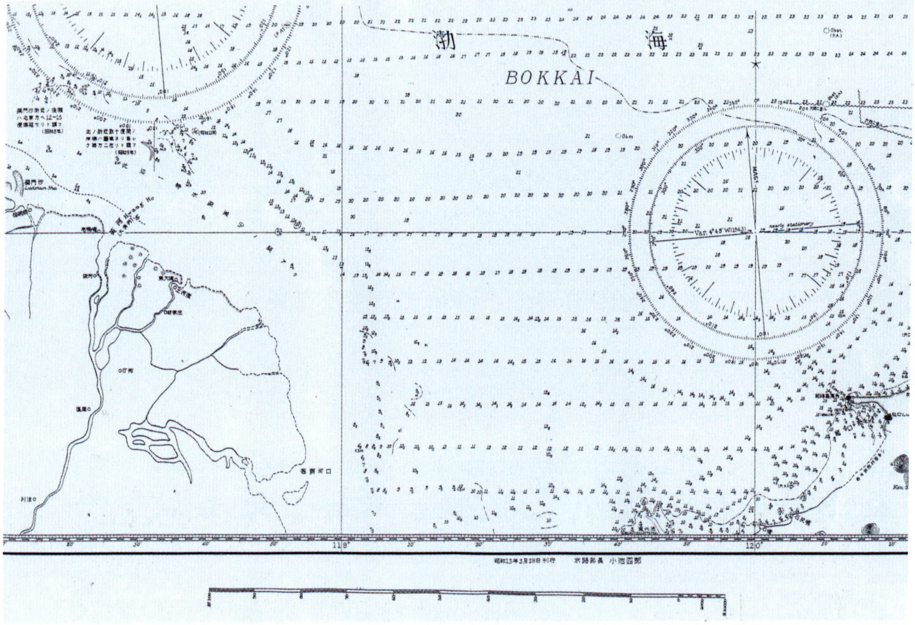

渤海海图(选自昭和五十九年改订后日本水路志株式会社)

图 2-8　渤海·莱州湾的水深

2-3-2　潮流发生用“海洋之空”A 的规模

潮流发生用“海洋之空”A 的潮流发生水路构成了黄河的河口部,所以必须使其产生大于黄河洪水流量的潮流。

外海的最大潮汐差:2.0 米

黄河的洪水流量:22 000 立方米/秒

“海洋之空”的规模:1 200 平方千米

2－3－3　新的“海洋之空”A 的考察图

利用“海洋之空”的潮流发生装置治理黄河和疏浚河口的新的考察图见图 2-9。

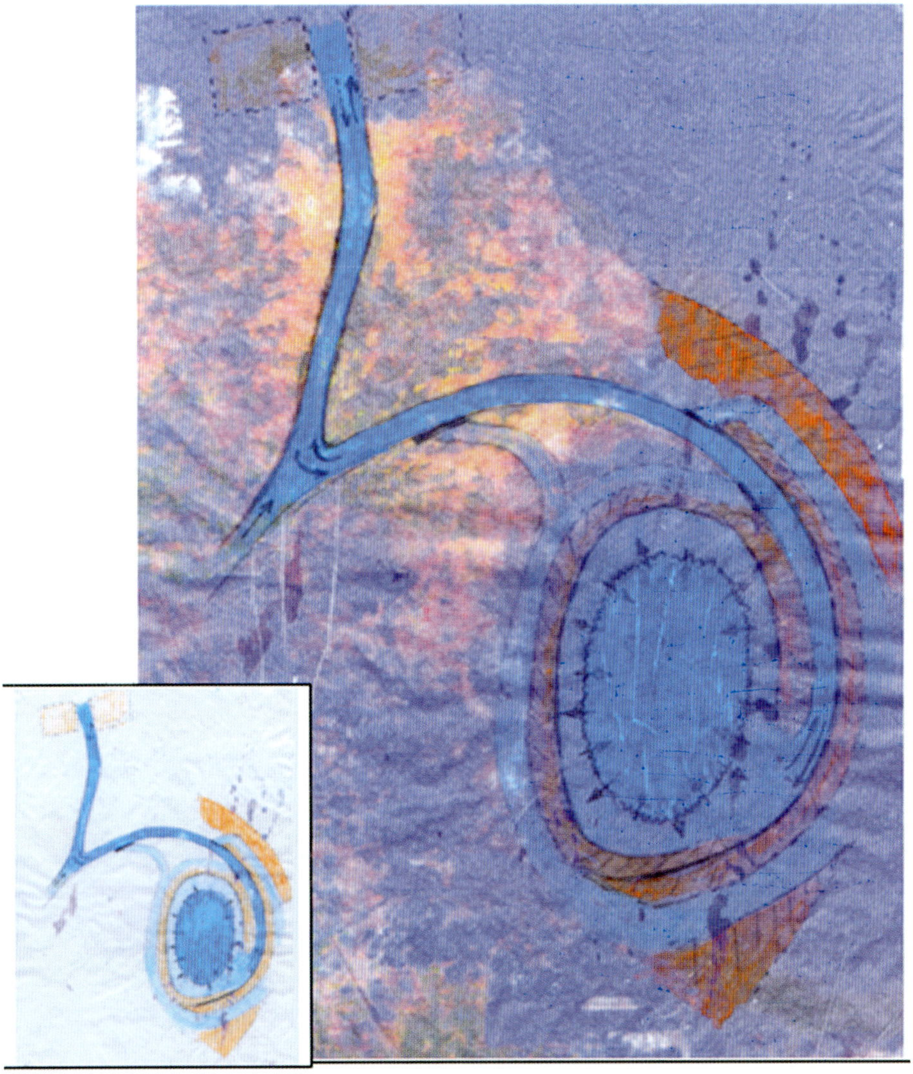

图 2-9　利用“海洋之空”的潮流发生装置治理黄河和疏浚河口的新的考察图

2-4　新的潮流发生装置“海洋之空”A 的构筑

构成潮流发生用“海洋之空”A 的堤体是本构想中最重要的工程，用钢板式桩堤或抛石堤等围成，这样比较坚固。

设置围堤的时候应选择水深较浅、波浪和潮流较少的水域，尽量利用陆地以缩短围堤的长度。

另外，利用黄河的大量排沙，沉降填土，填筑的宽度为 3～5 千米（参见《海洋之空》2-8 节内容），用以加固围堤，完成后为了安全起见，再设置防波堤。

2-4-1　潮流发生装置的堤体

图 2-10 为潮流发生装置“海洋之空”A 的堤体。

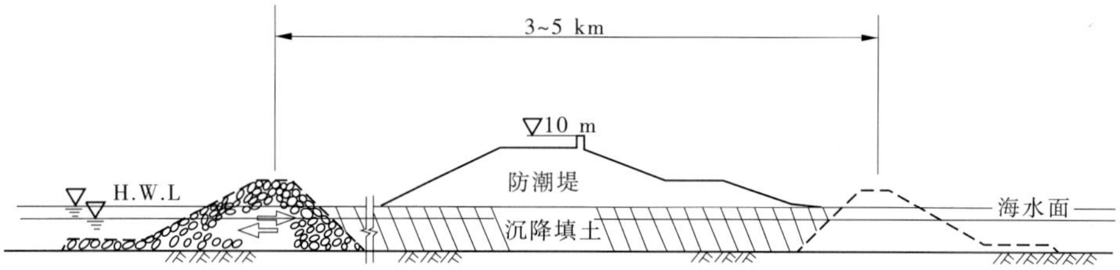

图 2-10　潮流发生装置“海洋之空”A 的堤体

1）抛石堤

为了保持堤体的透水性和防止冲刷护岸堤防，要设置抛石堤（见图 2-11）。

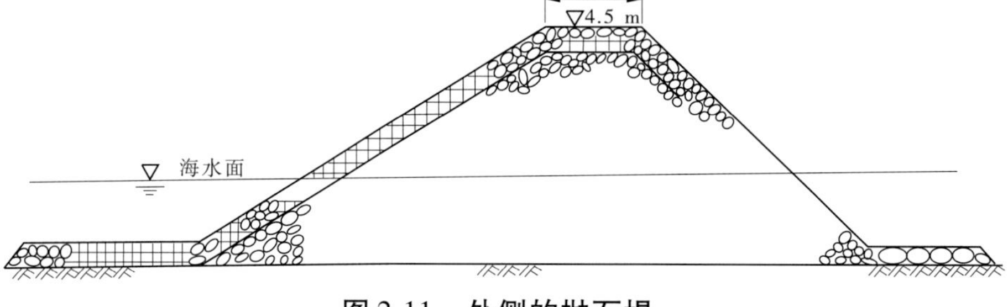

图 2-11　外侧的抛石堤

2）板式桩堤

在水比较深、围堤难以实施的地方，可采用钢板式桩堤围建（见

图 2-12)。

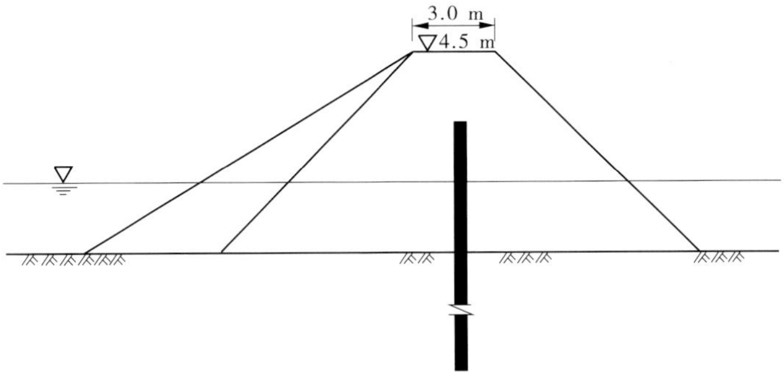

图 2-12　板式桩堤

为了防止波浪,用泥袋或抛石保护两个侧面。将来亦打算用做护岸工程的话,外侧用抛石加固。

3) 分割堤

为了保持堤体内的平稳,促进沉降填土,每隔 3 ~5 千米设置一道分割堤(横断堤,见图 2-13),确保堤体内的平稳水域。

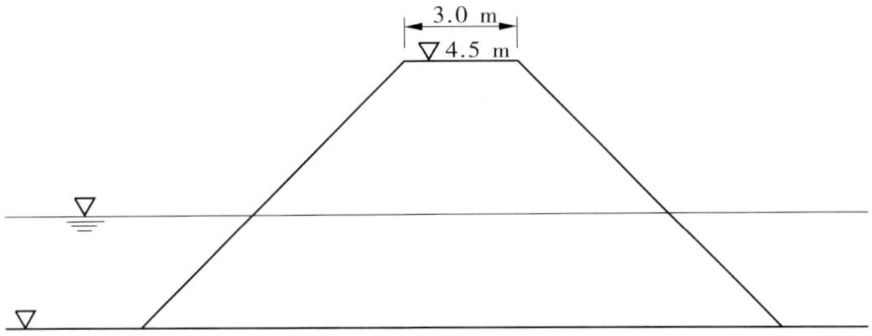

图 2-13　分割堤

4) 防潮堤

如果要在潮流发生装置"海洋之空"A 的堤体上设置城市设施的话,为了安全,要在外侧设置防潮堤(见图 2-14)。若不设置防潮堤,外侧堤的高度应在 5 米以上。

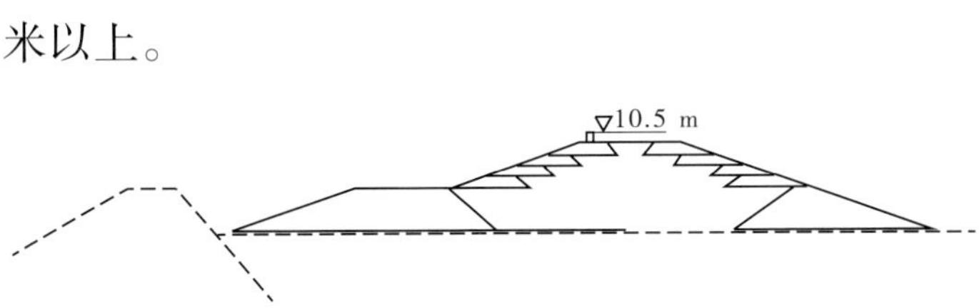

图 2-14　防潮堤

注：上述潮流发生装置“海洋之空”A 的围堤示例，可以参考上海浦东国际机场填埋地的围堤。

照片 2-1、照片 2-2 为围堤、防潮堤的示例。

照片 2-1　围堤的示例

照片 2-2　防潮堤的示例

2－4－2　围堤的构筑

围堤的构筑设想如图 2-15、照片 2-3 所示。

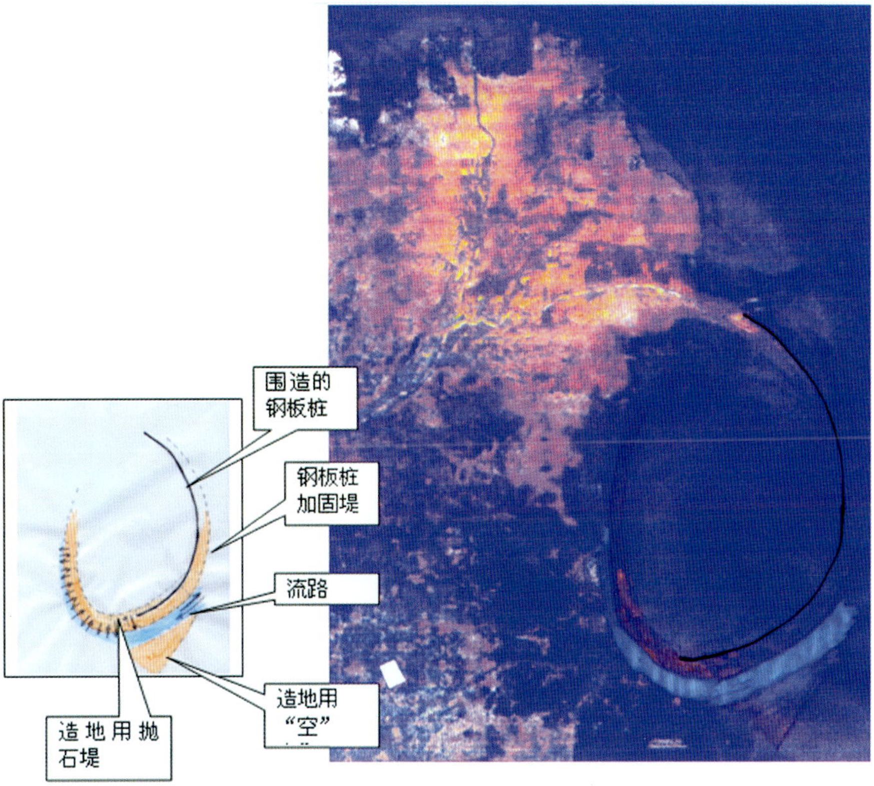

图 2-15　黄河的潮流发生用“海洋之空”A 的围造

照片 2-3　围造堤体的形象照片

2－4－3　潮流发生用“海洋之空”A 的基础工程的构筑

有计划地产生潮流，冲刷水路，有计划地利用黄河河口和莱州湾西岸的泥沙，用以筑造或加固“海洋之空”的围堤，建成潮流发生用“海洋之空”A（见图 2-16）。

潮流发生用“海洋之空”A 的概要

大堤防（水深 5 ~ 11 米）长度 约 80 千米（宽度 3 ~ 5 千米）

围堤（水深 0 ~ 5 米） 长度 约 70 千米（宽度 3 ~ 5 千米）

堤体的合计总长度 150 千米

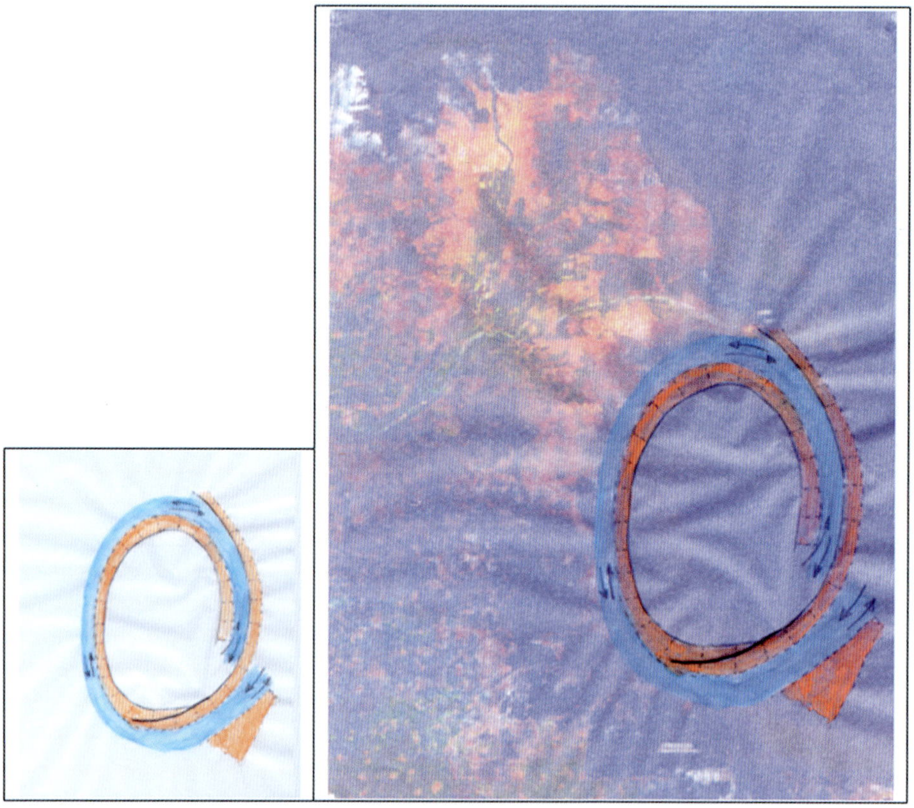

图 2-16　潮流发生用“海洋之空”A 的构筑

2－4－4　利用“海洋之空”进行 1 次河床疏浚

利用上述潮流发生用“海洋之空”A，阶段性地冲刷黄河的河床（见图 2-17）。

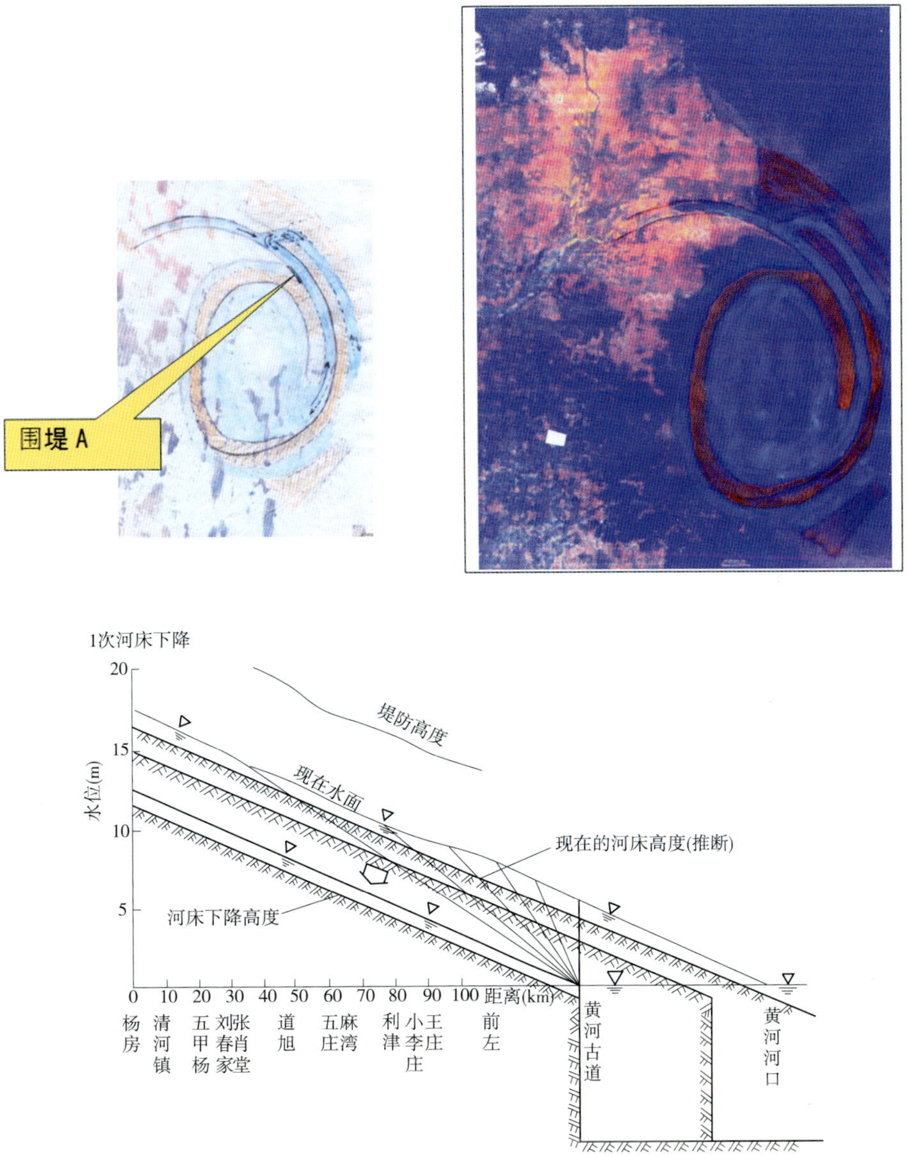

图 2-17　利用现河口冲刷河道

2－4－5　利用“海洋之空”进行 2 次河床冲刷

利用“海洋之空”进行 2 次冲刷见图 2-18。

2－4－6　新的“海洋之空”的潮流发生装置

新的潮流发生装置见图 2-19。

利用“海洋之空”的潮流发生装置进行治水和河口疏浚，黄河河床的降低构想情况大致如图 2-16 ~ 图 2-18 所示。

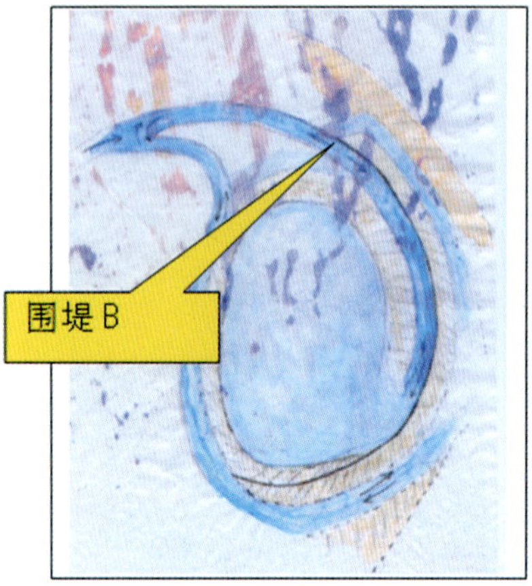

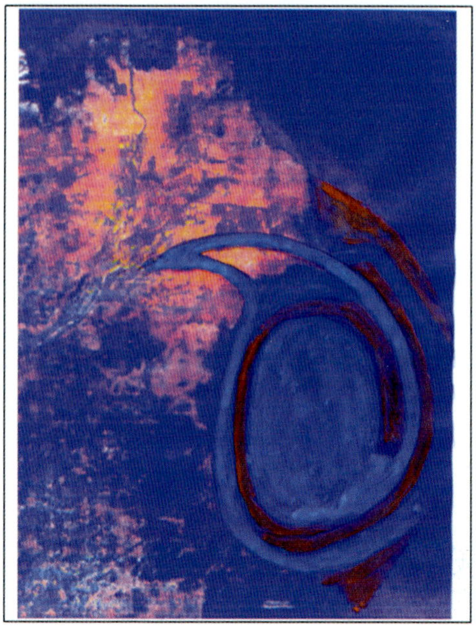

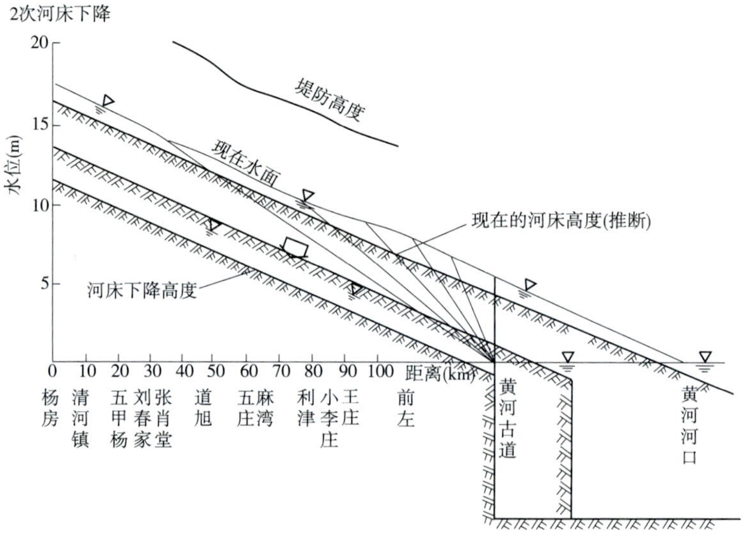

图 2-18　利用“海洋之空”进行 2 次河床冲刷

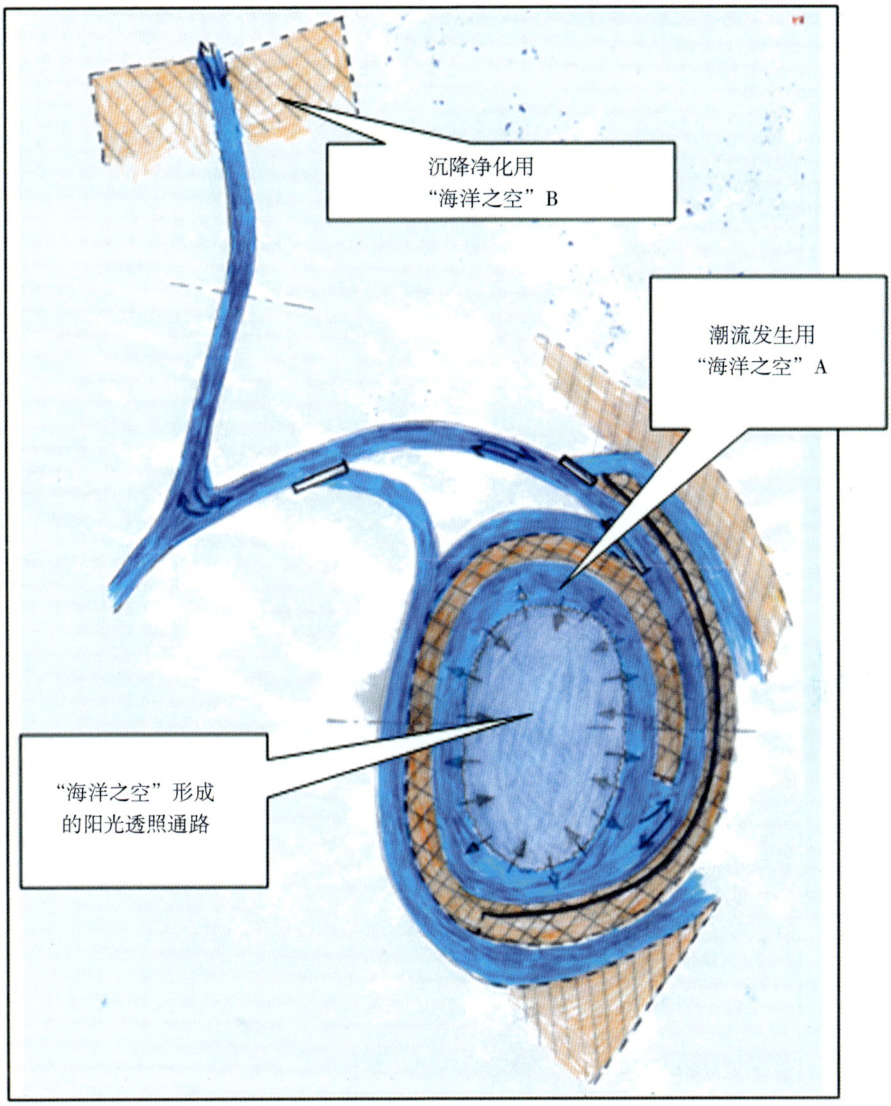

图 2-19　新的潮流发生用“海洋之空”A

2－5　新的潮流发生用“海洋之空”A 的构造

图 2-20 为潮流发生用水路横断面。

2－5－1　堤体的长度

堤体的长度如表 2-1 所示。

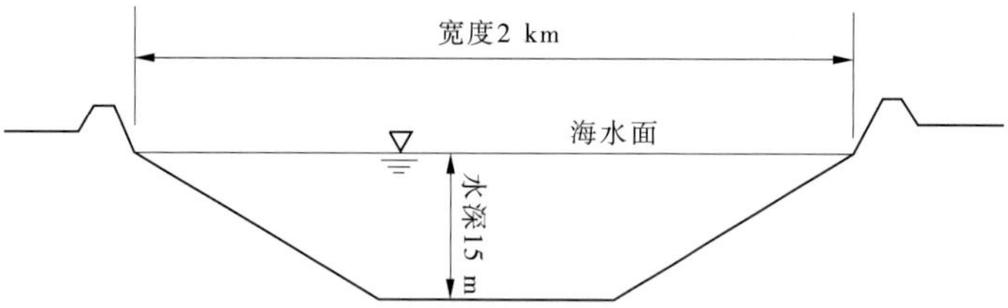

图 2-20　潮流发生用水路横断面

表 2-1　堤体的长度

堤体的种类	“空”A	填埋地	合计
板式桩堤	约 50 km		约 50 km
抛石堤	约 250 km	约 250 km	约 500 km
分割堤	约 150 km		约 150 km
防潮堤	约 150 km	约 250 km	约 400 km

2－5－2　水路的开挖

黄河的排水路(宽度 2 km、水深 15 m 以上)　长度约 50 km

浑水防止水路(宽度 2 km、水深 15 m 以上)　长度约 80 km

小计　长度约 130 km

胜利油田装运用水路

港口的扩展(宽度 2 km、水深 15 m 以上)　长度约 90 km

旧河口水路(宽度 2 km、水深 15 m 以上)　长度约 30 km

旧河口水路(宽度 2 km、水深 15 m 以上)　长度约 20 km

小计(旧河道)　长度约 140 km

开挖水路合计　长度 270 km

2－5－3　填埋地及滩涂

利用黄河排放下来的泥水,有计划地沉降净化,用以造地或造滩涂。用于筑造“海洋之空”及水路。

填埋地及滩涂面积	约 390 km^2
“海洋之空”的围堤	约 300 km^2
合计	约 690 km^2

2 -5 -4　泥沙的收支(收集和使用)

(1)收集(排放量)

河口流路的冲刷(270 km ×2 km × 平均 10 m)

54 亿 m^3

上游部分河床下降(宽 1 km ×5 m ×200 km)

10 亿 m^3

排放泥沙 (一年 10 亿 m^3 ×5 年)

50 亿 m^3

排放　114 亿 m^3

(2)使用(填埋量)

大堤防[(平均 9 m +3 m) ×2 km ×80 km]

19.2 亿 m^3

围堤[(平均 4 m +3 m) ×2 km ×70 km]

9.8 亿 m^3

填埋地及滩涂[(平均 9 m +3 m) ×650 km^2]

78.0 亿 m^3

填埋合计　107.0 亿 m^3

泥沙量收支为 +7.0 亿 m^3

2 -6　潮流发生用“海洋之空”A 的成果

2 -6 -1　黄河利用“海洋之空”的治水效果

如前所述,通过“海洋之空”A,利用潮汐的自然能量发生潮流,可以把靠重力水流能量支配的黄河流域的河流,分成靠重力水流能量支配的河流段和靠潮汐能量支配的河流段两部分,上游部分作为靠重力水流能量支配的河流段，下游部分作为靠潮汐能量支配的河流段，这样一来，靠重力水流能量支配的河流段的长度就缩短了。

潮汐产生的潮流是海水面以下的水流，潮汐能量支配的河流的水面常常为海水面，潮汐能量支配的河流段的河床高程当然在海水面以下。

因此，靠重力水流能量支配的河流段的长度，比原来的黄河流域的河流长度缩短了，缩短的长度正是靠潮汐能量支配的河流段的长度。

所以，只要上游的河床高程不变，靠重力水流能量支配的河流段的长度就缩短了。

河床比降变大，河流的推移力增大，黄河的河床降低，就可以达到治水和稳定河道的目的。

另外，由于冲刷排放下来的泥沙，以泥水的方式被输送到河口，利用设置在河口的“海洋之空”B，把泥和水分离，泥沙有计划地用做筑造潮流发生用“海洋之空”A 的堤体或者用做加固用填土，同时还可用做填海造地或滩涂的资材，干净的水放流海域，有利于保护海域环境。

由于全部是利用潮汐的自然能量，所以不需要运行成本。

因此，这对于解决黄河的三大问题之一的黄河防洪以及四个目标中的堤防不决口、河床不抬高、水质不超标的具体实现将会发挥巨大的作用。

2-6-2　利用“海洋之空”开发和创造环境

1）港口及运输等流通设施

潮流发生用水路的宽度为 2 千米、水深 10～20 米、长度约 130 千米，为构筑“海洋之空”A 用的 1 次、2 次冲刷水路约 100 千米，合计 230 千米（见表 2-2）。

另外，可以把“海洋之空”A 的 1 200 平方千米的巨大的平稳净化水域用做东海的大港湾，把“海洋之空”B 中沉降泥沙造成的填埋地用做流通运输码头设施。

再者，利用以下所述的“海洋之空”的平稳净化水域，有望创造休闲娱乐设施及水处理系统等新的环境。

表 2-2 “海洋之空”形成的水路及平稳净化水域

名　称	水路宽（km）	水　深（m）	长　度（km）
潮流发生水路（黄河主流）	2	10～20	约 50
潮流发生水路	2	10～20	约 80
海洋之空构筑水路	2～3	10～20	约 100
水路　合计	2～3	10～20	约 230
平稳净化水域		3～10	1 200 km^2

2）利用封闭水域构建高度净化系统

在有水位变化的水域，用具有多空隙的接触氧化堤（净化堤）围拢封闭的水域叫“海洋之空”。当外水域的水位下降时，透过接触氧化堤之后的干净水排到外水域。在构成该“水域之空”的接触氧化堤的外侧，设置封闭性水域（净化水洼），于是干净的水就被保留在接触氧化堤的外侧。当外水域的水位再度上升时，被保留下来的干净水再度透过接触氧化堤流入“水域之空”内，“水域之空”内的水变得更干净。

这种作用反复进行，“水域之空”内外的水变得相当干净。这样的系统就叫做“利用封闭性水域的“海洋之空”的高度净化系统”。

在黄河河口设置的潮流发生用“海洋之空”A 是一个巨大的水域，这一水域是有潮汐变化的封闭性水域，在这一水域中，用接触氧化堤（净化堤）围拢封闭起一个水域，就构成了利用封闭性水域的高度净化系统。

假设“海洋之空”A 的潮汐变化为 0.5 米，1 200 平方千米的封闭性水域中，构成了 60 平方千米的“空”体，那么 1 次潮汐就有 3 亿立方米的水得到净化，1 天就有 6 亿立方米的莫大的水量由于潮汐的自然能量得到净化，不需要运行成本，而且反复得到净化。

因此，构成“海洋之空”A 的 1 200 平方千米的水域，就成为得到高度净化的平稳水域。

3) 阳光透照通路

水得到净化后，太阳光以水为媒体，透过海水，照到海底，我们把这样形成的系统叫做阳光透照通路（见图 2-21）。

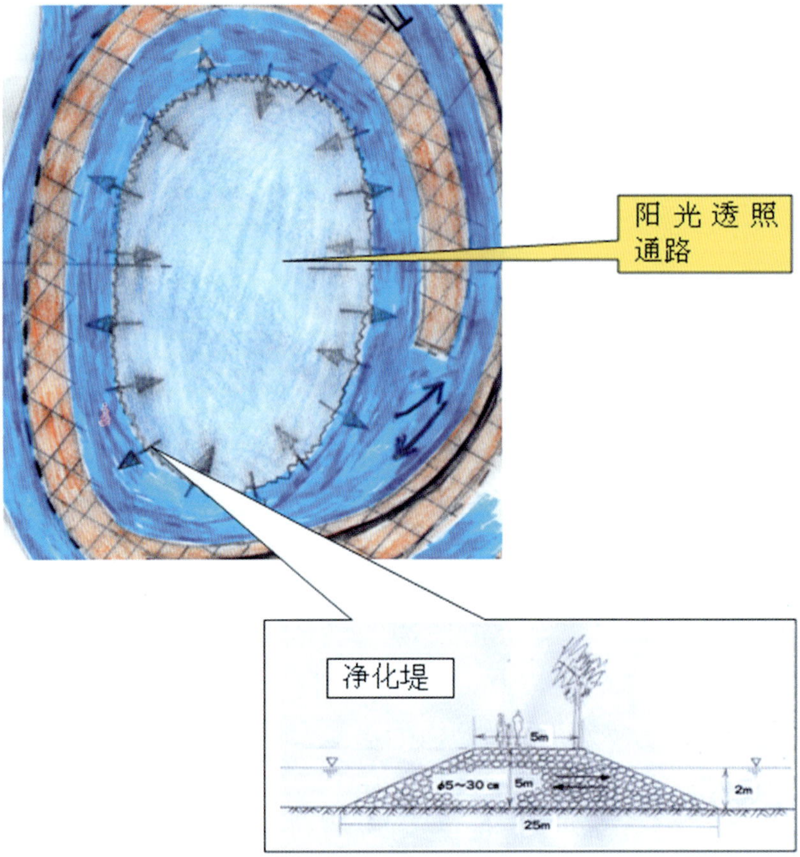

图 2-21　利用“海洋之空”A 的封闭性水域构成的高度净化系统

这样一来，就可以改善海底的水质环境，激活生态循环，丰富水产资源，进而可以用来开发休闲度假设施、海上游乐基地等。。

如上所述，利用“海洋之空”的高度净化系统，与黄河文明不相适应的三大问题之一的生态环境恶化状况将会得到改善。

3 构想的辅助系统

为了防止上述构想引起的副作用，还要缩窄河槽，增大水流的水力半径，提高黄河水流的推移力，把大量的泥沙安全地输送到下游，整治河道的形状，保持较深的河床。使河道蓄水，防止黄河断流，利用自然的力量净化水质，正是为了满足黄河流域的供水需要，故提出了“河流的连续净化·河床冲刷系统”的提案。

另外，该系统还能用做“鱼道装置”，促使鱼类溯上游动，从而丰富黄河的水产资源。

3－1 “河流的连续净化·河床冲刷系统”的概要

该系统是笔者1987年发明的“河流连续净化系统”，为了使其在降低黄河河床方面发挥作用，把它改名为“河流的连续净化·河床冲刷系统”（见图3-1）。

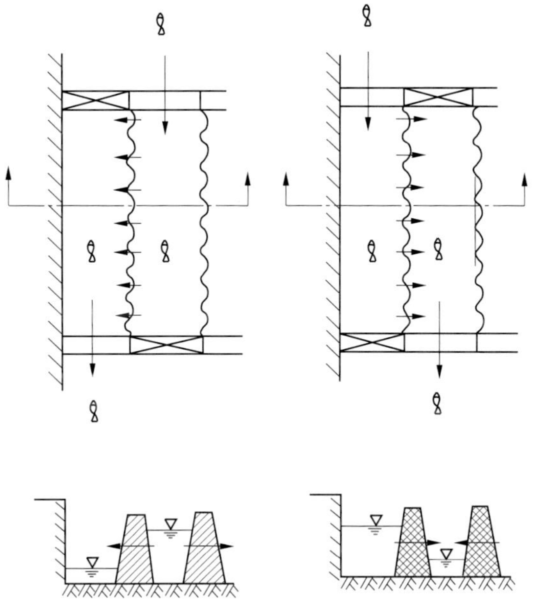

图3-1 河流的连续净化·河床冲刷系统

如图3-1所示，沿着河流流动的方向（纵断方向）连续设置抛石之类的低透水堤体，并在其上下游两端的左右两侧设置可以升降的可动堰，根据不同的目的和要求操作可动堰，可以达到以下不同的目的：①河道冲刷、输送泥沙；②接触氧化；③沉降净化；④氧化池；⑤鱼道；⑥垃圾回收；⑦蓄水，防止断流；⑧保护水路，等等。

该系统可设置为纵列、横列，以发挥其综合效果。

图 3-2 为河流的连续净化 · 河床冲刷系统的构想图。

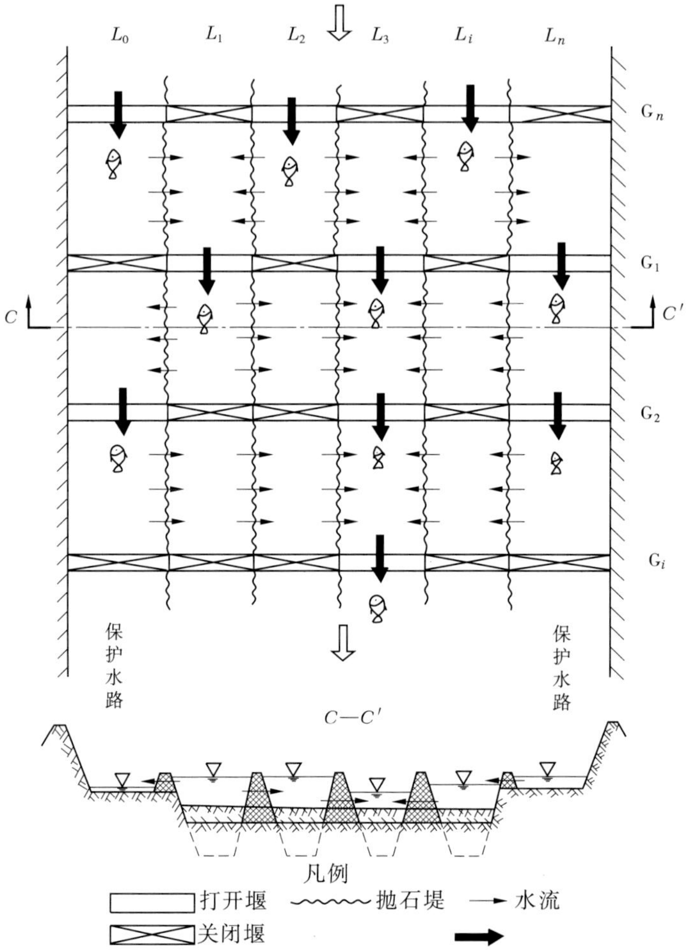

图 3-2 河流的连续净化 · 河床冲刷系统的构想图

旨在解决黄河三大问题和四项治水目标的“河流的连续净化·河床冲刷系统”的相应事项

(1)黄河的河床比降为1/10 000左右,各个可移动堰$G_1 \sim G_n$的纵向间隔长度,根据堰的高度,掌握在20~50千米。

(2)各个水路L的宽度掌握在50~500米,中间的2个流路为排沙水路,分别确保黄河平常流量3 000吨/秒的疏通能力。

(3)可动堰G开放时的高度要低,以不影响河床冲刷为宜。船舶航运预定流路要有一定水深。

(4)工程除保护水路外,从最下游端开始,依次向上游施工。

如照片3-1所示的橡胶坝为可动堰的示例,断水时蓄水,洪水时降低堰高,不影响泄洪。

照片3-1　可动堰(橡胶坝)

3-2　水路的利用

为了解决黄河的三大问题和四个目标的实现,水路的组合利用很重要。

特别是中央的2条水路,作为“排沙水路”,要排泄黄河的浑水,其中还要输送从上游排放下来的大量泥沙。另外,在排沙水路的两侧,各有2条“水质净化水路”,用于贮留水,利用清水阻止来自“排沙水路”的浑水,在使其沉降净化的同时，透过净化堤，水质得到进一步净化。两边的水路用做沿线的保护水路（见图 3-3）。

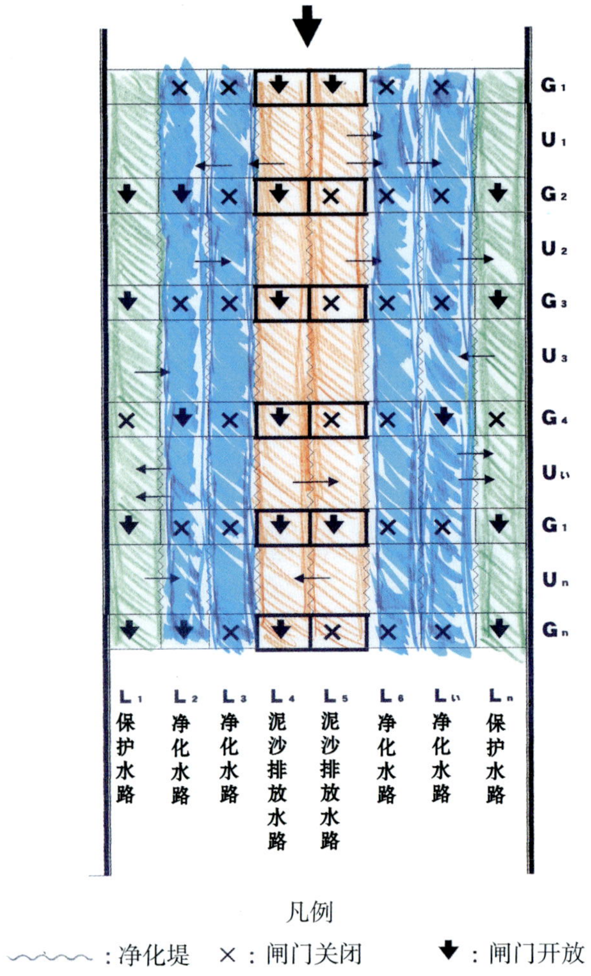

图 3-3　水路的组合利用图

3－2－1　排沙（输沙）水路

黄河从上游排放下来大量的泥沙，堆积在河道，引起很大的问题。如何把这些大量的泥沙顺利地排放到河口，乃是一项重要的课题。

因此，把“河流的连续净化 · 河床冲刷系统”横向排列的水路作为排沙水路，缩窄河槽，增大水力半径，提高推移力；同时，还要反复开闭上下游两端左右两边设置的可动堰，把泥沙输送到河口。

3－2－2　水质净化(贮留)水路

在排沙水路的左右两侧,分别设置了2条水质净化(贮留)水路,用于净化黄河的水,贮留清水,防止黄河断流,利用清水阻止浑水的浸入。

3－2－3　保护水路(沿岸的水利)

现在,黄河沿岸的工农业和城市发展很快,都在使用黄河的水(见图3-4)。

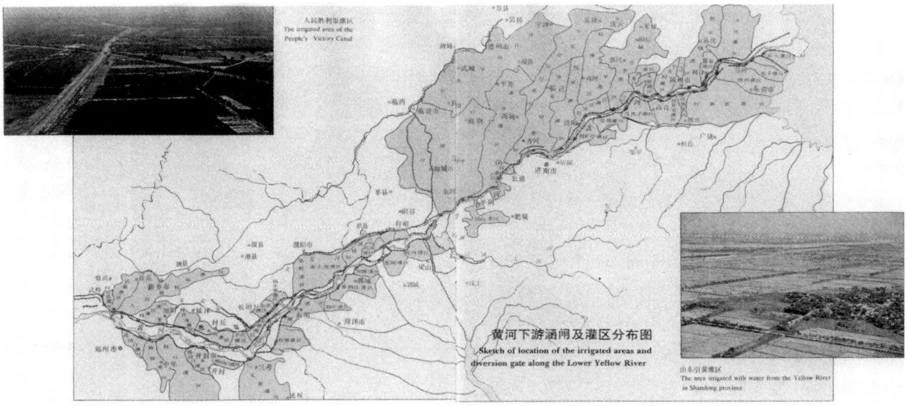

图3-4　黄河的水利现状

(引自黄河水利委员会宣传出版中心的印刷品)

因此,沿黄河两岸设置保护水路(见图3-5),尽可能利用现有的水利设施,以提供比原来更优质的黄河水。

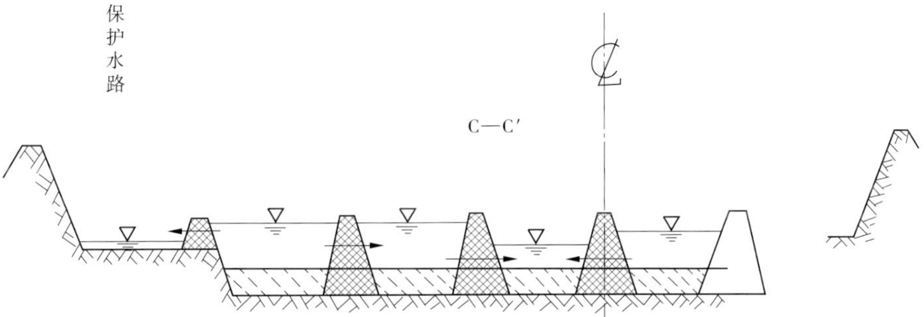

图3-5　河流的连续净化·河床冲刷系统构想中的保护水路

3－3　系统的效果

通过“河流的连续净化·河床冲刷系统”的上下游左右两侧的可动堰开闭操作的组合,有望达到以下效果:①冲刷河床输送泥沙;②接触氧化;

③沉降净化；④利用氧化池净化；⑤鱼类的溯上；⑥垃圾的回收；⑦贮水；⑧发展沿岸的水利（保护水路）。

3－3－1　河床冲刷、输送泥沙

通过缩窄黄河河槽，整治流路的断面形状，加大式（1-1）中的水力半径 R，提高河流的推移力，以期达到降低河床的目的。

因此，利用“河流的连续净化 · 河床冲刷系统”，通过改变河流的过流断面，缩窄河槽，整治各个水路；通过加大各个流路的水力半径，提高各个水路的推移力，从而达到各个水路河床冲刷、河床下降、洪水的疏通能力提高的目的。

3－3－2　利用涌水和漫流降低河床

把该水路上游的可动堰关闭、下游的可动堰打开，同时把两边的可动堰关闭，使两边的水路蓄水，使该水路和两边水路之间产生较大的水位差，那么，两边水路的水将会向该水路涌水，该水路两侧的坡面上附着的泥分就会被冲洗掉，同时河床的涌水会上涨，这样一来，该水路的河床发生冲刷，河床由是产生下切（见图 3-6）。另外，使两边的水位继续上升，使其发生横向漫流，这亦有可能使该水路产生河床下切（见图 3-7）。

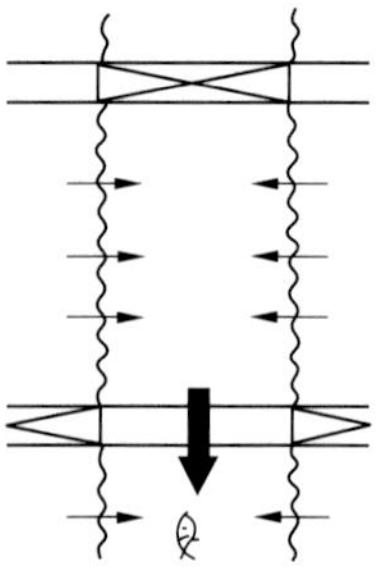

图 3-6　平面图

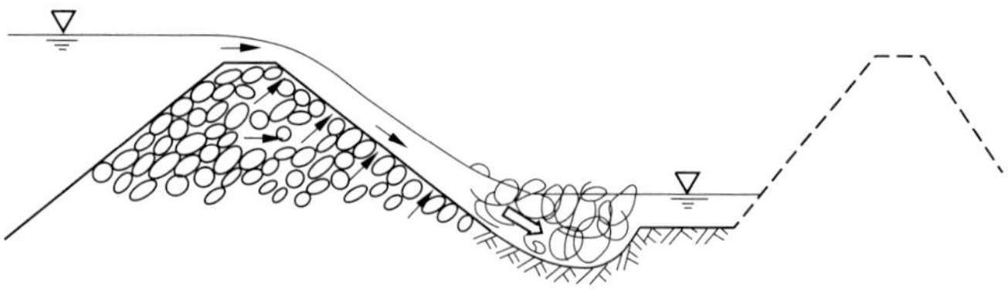

图 3-7　横向漫流引起的河床下切

如上所示，在其他横向、纵向水路中交替进行使河床下切的操作，以达到使整个河床全部下切的目的。

3－3－3　水质净化

1）沙砾净化

污浊水透过沙砾后会变干净，这种现象叫做砾石间接触氧化（见图 3-8）。特别是淡水，图 3-9（引自 1989 年建设省荒川上游事务所的下水净化试验报告书）及表 3-1、表 3-2 是透过净化堤前后水质净化测定值（淡水测定值），足见透过沙砾后的水变干净了。

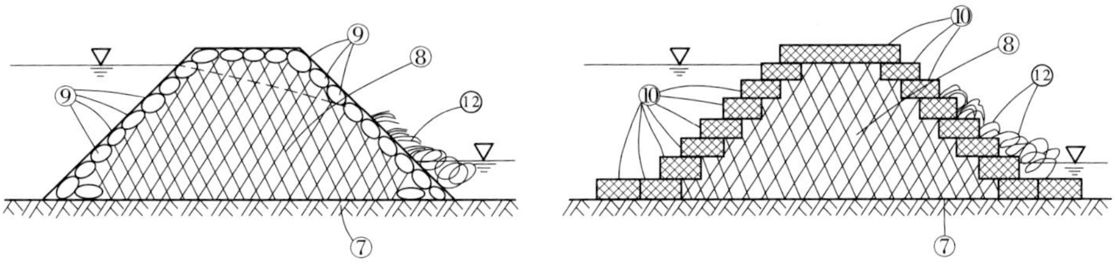

图 3-8　净化堤

2）净化堤的功能

透过净化堤的水变干净了（参照《海洋之空》2－1 节的内容）。

用砾石或块状物构成多空隙净化堤，如果净化堤的宽度达到 5 米左右，那么水透过净化堤后，水中的 SS、BOD、COD、大肠杆菌就会被滤除掉，得到大幅度的净化。

另外，水中氮、磷由于太阳的光合作用被植物吸收，同时变成浮游生物（SS），再度透过净化堤时被滤除掉。

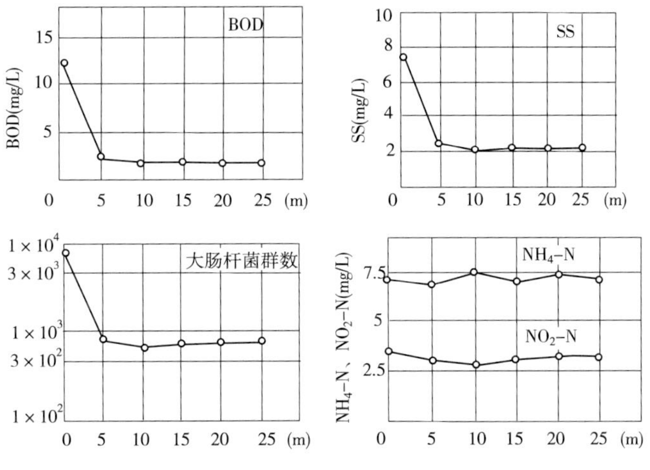

图 3-9　砾石间接触氧化的透过长度和污染物的去除

3）净化堤的验证

2008 年 3 月，适逢黄河水利委员会冯金亭先生前来日本，在纪川河的现场，对于表 3-2 所示的砾石间接触氧化的净化效果进行了验证（见照片 3-2）。

表 3-1　透过净化堤的水质净化测定值(海水)

项目	"空"外 (透过前)	"空"内 (透过后)	去除率
pH	7.8	7.2	
盐分浓度(%)	3.0	3.0	
COD(mg/L)	2.0	1.1	45%
SS(mg/L)	4.2	<1	76%以下
浊度(度)	5.0	1	80%

表 3-2　透过净化堤的水质净化测定值(淡水)

项 目	主流	透过水	去除率
SS(mg/L)	4.9	0.2	96%
BOD(mg/L)	4.4	1以下	很高
浊度(度)	3	1以下	很高

主流的水质

透过净化堤的水质

照片 3-2　净化堤的验证

固床工净化堤：

堤体的宽度：约 45 米　堤体的水位差：约 1 米

横断面的涌水宽度：约 10 米

涌水量：200 升/秒（堤体每 1 米的净化能力：20 升/秒）

4）净化水量

通常假设净化堤每 1 米按 20 升/秒左右计算，长度为 50 千米，于是则有 1 千立方米/秒的水得到净化。如果在黄河上设置 5 ~ 7 个横列，则每秒有 5 000 ~ 7 000 吨/秒的水得到净化。

作为纵向距离，如果按郑州—东营约 500 千米实施的话，则有每秒 5 万 ~ 7 万立方米（500 000m × 20 L/s × 5 ~ 7 列）的水得到净化。黄河平常的流量为 2 000 ~ 3 000 立方米/秒，在流过郑州—东营市约 500 千米的过程中，将透过沙砾间约 10 次，河水会得到充分的净化。

3 – 3 – 4　重力产生的沉降净化

浑水在没有波浪和流动的平稳水域中贮留，泥沙等微粒子就会因为重力而沉降，由于沉降净化水质变得干净了。（参照作者所著《海洋之空》一书 2 – 1 – 3 节内容）

下游封闭的水路就是巨大的沉沙池。

沉降的泥沙，在洪水和前述的河床冲刷系统中得到处理。

3 – 3 – 5　阳光净化

水澄清后，阳光透入水中，由于光合作用，水中的氮、磷变为藻类（参照《海洋之空》2 – 1 – 4）。另外，伴随产生的碳酸同化作用将被激活，由此创造出富氧水域，促进了生态循环。

3 – 3 – 6　生态净化

活着的生物，为了维持自己的生命，要吃营养物。

水中的营养物被鱼蟹贝类生物吃掉，变成干净的非营养水。水变干净后又有很多鱼类生息，河水因此会变得更干净（参照《海洋之空》2 – 1 – 5）。

3 – 3 – 7　鱼类的溯上

生活在河流中的鱼蟹贝类，大部分会随着季节的变化，往来游动于河流的上下游，直至终其一生。“河流的连续净化 · 河床冲刷系统”把水净化了，使鱼蟹贝类的溯上变得容易了，促进了黄河水产业的发展。

“河流的连续净化·河床冲刷系统”就是一个巨大的鱼道。

3-3-8 垃圾回收

水透过堤体的时候，水中和水面上漂浮的垃圾被过滤掉。

特别是漂浮的大量垃圾，滞留在净化堤的HHWL（上部）部分附近，在相反水路涌水的情况下，逡准线以下垃圾被冲洗掉，但是大部分附着垃圾仍然附着在堤体上，经风雨冲刷和阳光暴晒，变成无害物质。

3-3-9 蓄水效果

黄河断流时，关闭“河流的连续净化·河床冲刷系统”的可动堰的闸门，进行蓄水。

假如平均堰高为5米，一条水路的宽度为300米，可动堰间的距离为50千米，那么，1条水路的蓄水能力将达到7 500千万吨。

郑州—东营市的距离为500千米，河宽约1千米，假如各个堰高平均为5米，则蓄水能力将达到25亿立方米，相当于三门峡水库蓄水容量的一半。

3-3-10 高度净化

如上所述，如果将泥水沉降净化，透过净化堤，其污浊量会减半。利用“河流的连续净化·河床冲刷系统”回收垃圾，利用净化堤进行接触氧化，利用贮水池进行沉降净化，利用太阳光形成的氧化池，促使鱼类溯上和生态循环，像这样周而复始反复净化，黄河的水将会得到高度净化。

3-4 可动堰开闭的组合模式

操纵位于上下游左右两侧的可动堰的开闭，会产生多种效果，组合图如下。

3-4-1 缩窄水路1（见图3-10）

3-4-2 缩窄水路2（见图3-11）

3-4-3 透过净化堤（见图3-12）

3-4-4 沉降、贮留（见图3-13）

3-4-5 补充净化水（见图3-14）

3-4-6 取用净化水（见图3-15）

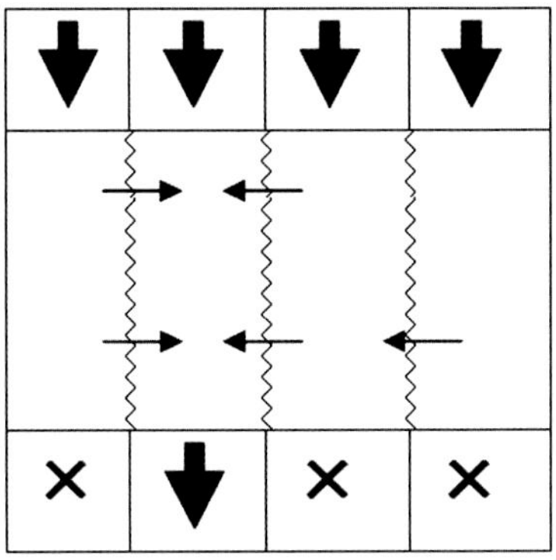

		系统的效果
○	①	冲刷河床、输送泥沙
△	②	接触净化
○	③	沉降净化
	④	氧化池（阳光净化）
○	⑤	鱼类的溯上
△	⑥	回收垃圾
○	⑦	蓄水（防止断流）
	⑧	沿岸的水利用（保护水路）

注：○—有效果；△—稍有效果

图 3-10　缩窄水路 1

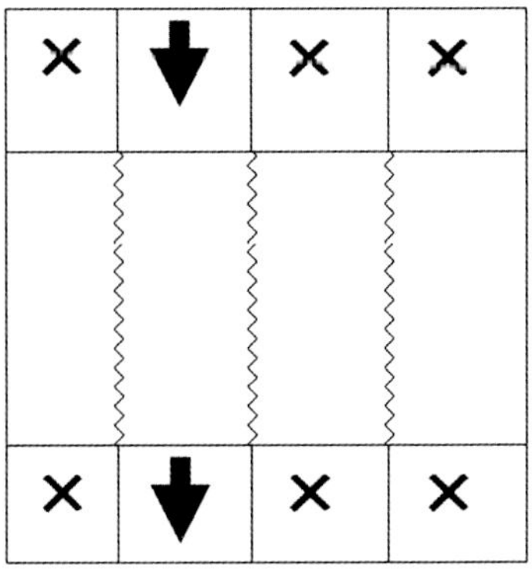

		系统的效果
○	①	冲刷河床、输送泥沙
	②	接触净化
	③	沉降净化
	④	氧化池（阳光净化）
○	⑤	鱼类的溯上
	⑥	回收垃圾
△	⑦	蓄水（防止断流）
	⑧	沿岸的水利用（保护水路）

注：○—有效果；△—稍有效果

图 3-11　缩窄水路 2

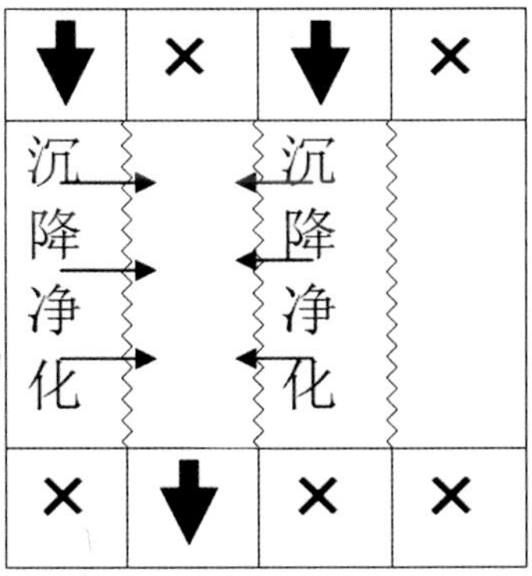

		系统的效果
○	①	冲刷河床、输送泥沙
○	②	接触净化
○	③	沉降净化
	④	氧化池（阳光净化）
○	⑤	鱼类的溯上
○	⑥	回收垃圾
△	⑦	蓄水（防止断流）
○	⑧	沿岸的水利用（保护水路）

注：○—有效果；△—稍有效果

图 3-12　透过净化堤

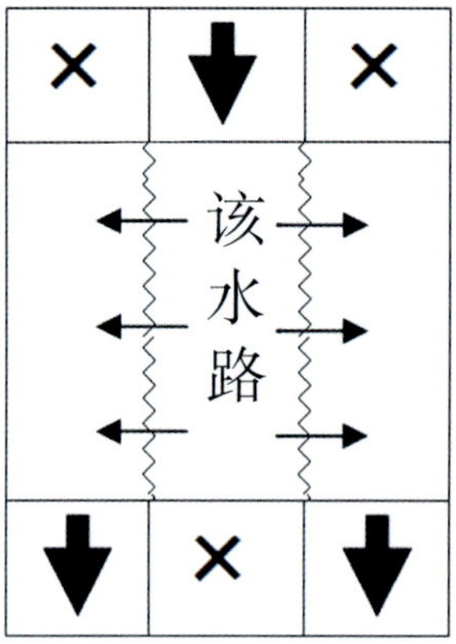

		系统的效果
	①	冲刷河床、输送泥沙
○	②	接触净化
○	③	沉降净化
	④	氧化池（阳光净化）
○	⑤	鱼类的溯上
○	⑥	回收垃圾
○	⑦	蓄水（防止断流）
△	⑧	沿岸的水利用（保护水路）

注：○—有效果；△—稍有效果

图 3-13　沉降、贮留

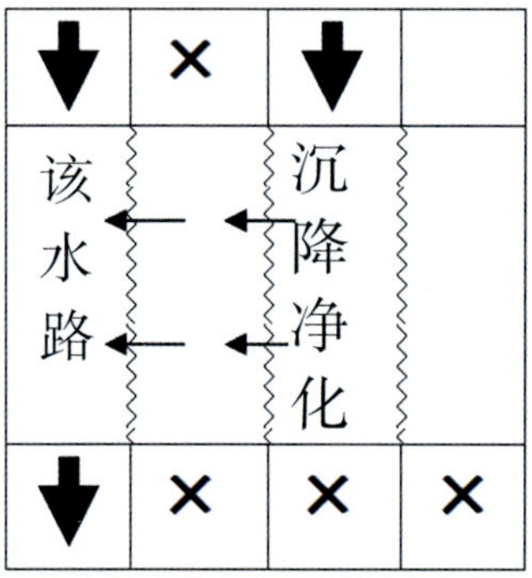

		系统的效果
	①	冲刷河床、输送泥沙
○	②	接触净化
○	③	沉降净化
○	④	氧化池（阳光净化）
○	⑤	鱼类的溯上
	⑥	回收垃圾
○	⑦	蓄水（防止断流）
○	⑧	沿岸的水利用（保护水路）

注：○—有效果；△—稍有效果

图 3-14　补充净化水

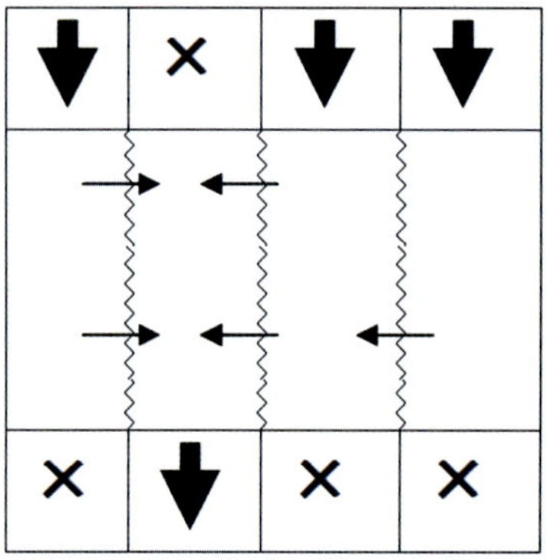

		系统的效果
○	①	冲刷河床、输送泥沙
△	②	接触净化
○	③	沉降净化
	④	氧化池（阳光净化）
○	⑤	鱼类的溯上
△	⑥	回收垃圾
○	⑦	蓄水（防止断流）
	⑧	沿岸的水利用（保护水路）

注：○—有效果；△—稍有效果

图 3-15　取用净化水

3－4－7　净化、贮留(见图3-16)

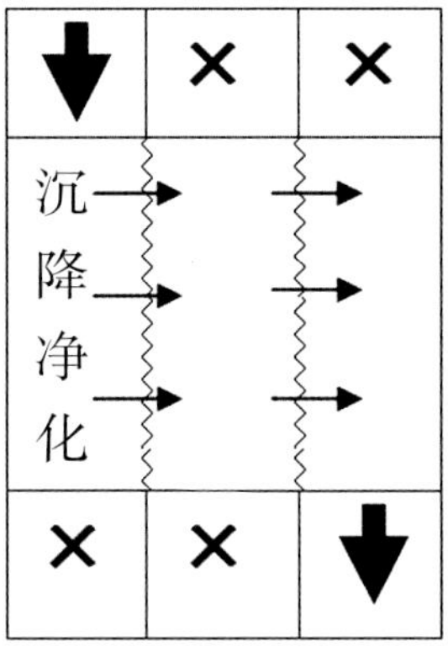

		系统的效果
	①	冲刷河床、输送泥沙
○	②	接触净化
○	③	沉降净化
○	④	氧化池(阳光净化)
○	⑤	鱼类的溯上
○	⑥	回收垃圾
○	⑦	蓄水(防止断流)
○	⑧	沿岸的水利用(保护水路)

注:○—有效果; △—稍有效果

图3-16　净化、贮留

3－4－8　高度净化(横列)(见图3-17)

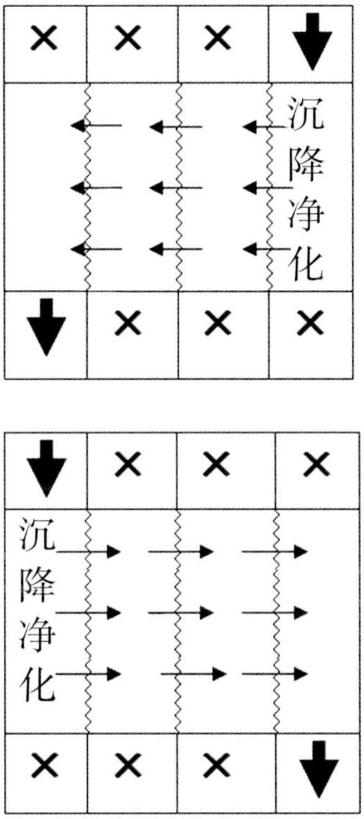

		系统的效果
	①	冲刷河床、输送泥沙
○	②	接触净化
○	③	沉降净化
○	④	氧化池(阳光净化)
○	⑤	鱼类的溯上
○	⑥	回收垃圾
○	⑦	蓄水(防止断流)
○	⑧	沿岸的水利用(保护水路)

注:○—有效果; △—稍有效果

图3-17　高度净化(横列)

3－4－9　高度净化(纵列)(见图3-18)

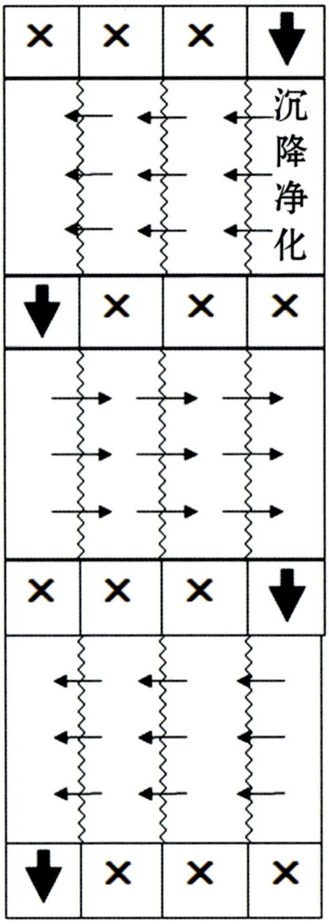

		系统的效果
	①	冲刷河床、输送泥沙
○	②	接触净化
○	③	沉降净化
○	④	氧化池(阳光净化)
○	⑤	鱼类的溯上
○	⑥	回收垃圾
○	⑦	蓄水(防止断流)
○	⑧	沿岸的水利用(保护水路)

注:○—有效果;△—稍有效果

图3-18　高度净化(纵列)

注:如以上所示,通过“河流的连续净化·河床冲刷系统”的纵向堰、横向堰的开闭组合,可以产生出更多的效果。

4 关于黄河的治理与开发的具体实施步骤

4－1 从潮流发生用“海洋之空”A着手

（1）围造“海洋之空”A（见图2-15）。

（2）使莱州湾西岸发生潮流，冲刷西海岸及北海岸，利用冲刷出来的泥沙，采用“海洋之空”B的方法，通过沉降填埋，完成“海洋之空”A的西～北侧的堤体和南侧的填埋地（见图2-16）。

（3）分阶段冲刷黄河河床。

①1次河床冲刷。

关闭围堤A，在现有黄河河口和以前的河口之间发生潮流，冲刷现有河口和以前河口的河床，利用冲刷出来的泥沙，加固“海洋之空”A东侧的围堤和旋状堤，在现有河口的外侧进行填埋（见图2-17）。

②2次河床冲刷。

用围堤B围住现有河口，整治老河道，连通图2-16中莱州湾西岸的水路，冲刷黄河主流的河床。冲刷出来的泥沙用于加长浑浊防止水路、加长旋状围堤，同时，还用做“海洋之空”A围堤堤体加固用的沉降填土（见图2-18）。

（4）完成“海洋之空”A（见图2-19）。

4－2 河流的连续净化·河床冲刷系统

（1）完成“海洋之空（UTSURO）”A之后，在重力水流支配的河段最下游（见图3-2）的G_i（横列）设置可动堰，用做将来的水路区分，考虑到河床下切，可动堰设置要深一些。

（2）设置两边的保护水路（只在最下游的纵列）。

（3）从河床较高、施工方便的地方着手，用当地的材料筑造比G_i堰的堰高低的纵堤（最初不一定用净化堤），向着上游，筑造到堰高较高的河床附近。

(4)完全关闭 G_i 堰,直到满水,退潮时打开河床高程高的堰。在修补纵堤的同时,反复进行这种操作,以使河床下切(修补的堤体按照净化堤的规格进行)。有时还要打开主线的闸门,用以排出沉降的泥沙。

(5)在反复进行这种操作的同时,设置纵向堤体。

(6)若下游的纵向堤体完成,再反复进行(3)~(5)项操作。

5 工程事业费概算

(1)潮流发生用“海洋之空(UTSURO)”A 的事业费概算如表 5-1 所示。

表 5-1 事业费概算

项目	数量	单价 上:人民币 (下:日元)	金额 上:人民币 (下:日元)
板式桩堤	约 50 km	15 万元/m (200 万円/m)	75 亿元 (1 000 亿円)
抛石堤	约 500 km	3.75 万元/m (50 万円/m)	187.5 亿元 (2 500 亿円)
区分堤	约 200 km	2.25 万元/m (30 万円/m)	45 亿元 (600 亿円)
防潮堤	约 150 km	7.5 万元/m (100 万円/m)	112.5 亿元 (1 500 亿円)
围堤堰	3 个	7.5 亿元/个 (100 亿円/个)	22.5 亿元 (300 亿円)
小 计			442.5 亿元 (5 900 亿円)
(填埋地的防潮堤)	约 250 km	7.5 万元/m (100 万円/m)	187.5 亿元 (2 500 亿円)
高度净化系统	约 100 km	3.75 万元/m (50 万円/m)	37.5 亿元 (500 亿円)
其 他			82.5 亿元 (1 100 亿円)
合 计			750 亿元 (1 兆円)

注:汇率按当时汇率 7.5 元/100 日元换算。

(2)“河流的连续净化·河床冲刷系统”建设事业费如表 5-2 所示。

表 5-2　建设事业费

项目	数量	单价	金额　上:人民币 (下:日元)
橡胶坝 ϕ5m	1 000 m	75 万元/m (1 000 万円/m)	7.5 亿元 (100 亿円)
净化堤 (纵向堤)	350 km (50 km×7 列)	1.5 万元/m (20 万円/m)	52.5 亿元 (700 亿円)
其　他			15 亿元 (200 亿円)
小　计			75 亿元 (1 000 亿円)
合　计	上述金额 1 个横列 ×约 10 个横列		约 750 亿元 (约 1 兆円)

6 后记

综上所述，利用"海洋之空（UTSURO）"的潮流发生装置进行治水和疏浚航路技术，是利用自然的潮汐能量，把黄河上由重力水流支配的河流长度缩短，提高黄河水流的推移力，冲刷河床，稳定河道，把大量的泥沙安全地输送到河口，有计划地利用自然能量进行沉降净化，无需运行成本就可以把黄河的水全部净化，还能防止海域污染。进而有计划地把排出来的大量泥沙作为围造"海洋之空（UTSURO）"的建筑材料使用，以后还可以作为填海造地和填造滩涂的资源性材料加以利用。

另外，为了解决黄河的断流问题，可以利用"河流的连续净化·河床冲刷系统"，使黄河的河道蓄水，利用自然的力量使水变清，利用保护水路满足黄河流域的用水需要，同时，促使鱼类溯上，丰富黄河的水产资源。

利用上述系统，在河口构筑了 1 200 平方千米潮流发生用"海洋之空"和 2.2 万立方米/秒的潮流发生大水路（长约 100 千米、宽 2 千米、水深 15 米）。"海洋之空"形成的平稳净化水域和潮流发生大流路可用做油田的输出港口和运河，还可以建成石油冶炼加工等流通中枢，利用平稳水域建成水处理系统 、"利用封闭水域建成水的高度净化系统"、"新一代污水处理系统"等。不用运行成本每天可净化 12 亿立方米的水，构建阳光透照通路水域，建成与中华文明发源地相适应的集观光、疗养、休闲于一体的游乐基地。正是基于这一目的，才提出了前述"利用'海洋之空'治理开发黄河的提案"。

附录

1. 支撑“利用海洋之空(UTSURO)治理开发黄河提案”的专利

国际专利(概要)

(12)特許協力条約に基づいて公開された国際出願

(19) 世界知的所有権機関
国際事務局

(43) 国際公開日
2004年10月21日 (21.10.2004)

PCT

(10) 国際公開番号
WO 2004/090235 A1

(51) 国際特許分類7: E02B 3/02

(21) 国際出願番号: PCT/JP2003/004422

(22) 国際出願日: 2003年4月7日 (07.04.2003)

(25) 国際出願の言語: 日本語

(26) 国際公開の言語: 日本語

(71) 出願人 および

(72) 発明者: 赤井 一昭 (AKAI,Kazuaki) [JP/JP]; 〒649-6261 和歌山県 和歌山市 小倉２０１番地 Wakayama (JP).

(81) 指定国 (国内): AT, BR, CA, CN, CU, DE, ES, GB, GH, ID, IN, IS, JP, KP, KR, LC, LK, MA, MG, MX, NO, NZ, OM, PH, PL, PT, RU, SE, SG, US, VN, ZA.

(84) 指定国 (広域): ARIPO 特許 (GH, GM, KE, LS, MW, MZ, SD, SL, SZ, TZ, UG, ZM, ZW), ユーラシア特許 (AM, AZ, BY, KG, KZ, MD, RU, TJ, TM), ヨーロッパ特許 (AT, BE, BG, CH, CY, CZ, DE, DK, EE, ES, FI, FR, GB, GR, HU, IE, IT, LU, MC, NL, PT, RO, SE, SI, SK, TR), OAPI 特許 (BF, BJ, CF, CG, CI, CM, GA, GN, GQ, GW, ML, MR, NE, SN, TD, TG).

/続葉有/

(54) Title: FLOOD CONTROL AND WATER SUPPLY SYSTEM USING TIDE GENERATOR BY "SEA HOLLOW (UTSURO)"

(54) 発明の名称: 「海洋の空(UTSURO)」による潮流発生装置を利用した治水および水利システム

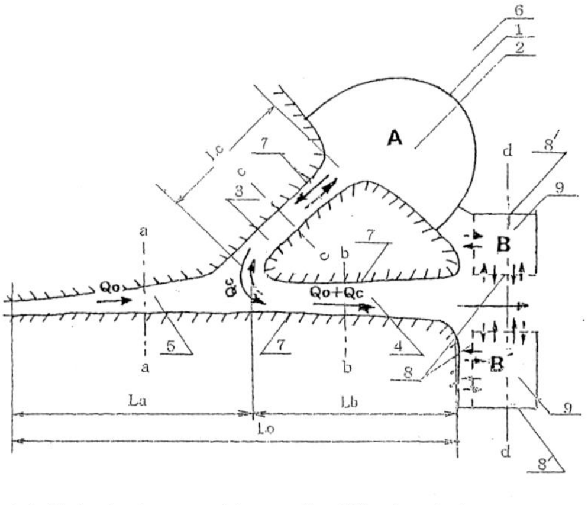

(57) Abstract: "Sea hollow (UTSURO)" is part of a water area surrounded and enclosed by a bank structure in a tide-level-changing water area. By using a tide generator by a "sea hollow (UTSURO)" which spreads a canal mouth that opens a "sea hollow (UTSURO)" water area via a canal toward a river' s upstream part to open it in a tide-level-changing river-upstream water area, the functional extension of a rive is shortened, a river bed gradient is steepened, the flow rate and the tractive force of a river are increased, a river bed is deepened, a river section area is enlarged, and a drainage of inner basin and a flood discharge capacity are increased. At a downstream part, the size of "sea hollow (UTSURO)" A is increased, a tidal stream producing capacity is boosted, a tidal stream as large in quantity as a flood is produced, and a water stream section area is enlarged, thus contributing to a flood control effect and water way maintenance. In addition, in order to remove enormous amounts of sand and earth forced to flow to a river mouth and deposited on a river channel, another holes-rich "sea hollow (UTSURO)" B is installed to capture slurry by the action of high tide for precipitating and cleaning to thereby develop tidal flats and reclaimed lands, and, at a low tide, clean supernatant is collected into a channel to thereby produce tide. Furthermore, the installing of an outer block-enclosing bank (8) can prevent the outflow of slurry into an outer water area and further enhance their effects to maintain a canal. Additionally, in order to maintain the functions of the "sea hollow (UTSURO)" A, a canal length is increased to prevent a turbid water inflow.

(57) 要約: 潮位変化のある水域で、堤体構造によって囲い締め切られた水域を「海洋の空(UTSURO)」と言い、「海洋の空(UTSURO)」の水域を水路で開放する水路口を、河川の上流部に向かって延伸し、潮位変化のある河川上流水域で開放する「海洋の空(UTSURO)」による潮流発生装置

WO 2004/090235 A1

/続葉有/

2. 中国专利(全文)

中国专利证书

证书号第608805号

发明专利证书

发 明 名 称：利用“空心海域（UTSURO）”潮流产生装置的治水和水利系统

发　明　人：赤井　昭

专　利　号：ZL 0382 6 261.4

专利申请日：2003年04月07日

专 利 权 人：赤井一昭

授权公告日：2010年04月21日

本发明经过本局依照中华人民共和国专利法进行审查，决定授予专利权，颁发本证书并在专利登记簿上予以登记。专利权自授权公告之日起生效。

本专利的专利权期限为二十年，自申请日起算。专利权人应当依照专利法及其实施细则规定缴纳年费。本专利的年费应当在每年04月07日前缴纳。未按照规定缴纳年费的，专利权自应当缴纳年费期满之日起终止。

专利证书记载专利权登记时的法律状况。专利权的转移、质押、无效、终止、恢复和专利权人的姓名或名称、国籍、地址变更等事项记载在专利登记簿上。

局长 田力普

中华人民共和国国家知识产权局

2010年04月21日

第1页（共1页）

译者注:发明专利证书中的“空心海域(UTSURO)”即本书中的“海洋之空(UTSURO)”。

3. 说明书

PA055424

说明书摘要

在潮流水位具有变化的水域中，用堤坝结构包围而成的水域被称为“空心海域（UTSRO）”，本发明涉及一种使在水路中开放“空心海域（UTSRO）”A的水域的水路口向河流上游部延伸，在具有潮流水位变化的河流上游水域处利用开放的，“空心海域（UTSRO）”潮流产生装置，缩短河流的功能延长，提高河床坡度，提高河流的流速和水流冲刷能力，加深河床，增大河流剖面，提高堤内积水排除和洪水疏导能力等的系统。另外，在下游部处，增大“空心海域（UTSRO）”A的规模，提高潮流产生能力，使得产生与洪水流量相匹敌的潮流，增大水流剖面，进一步提高治水效果，并有助于航路的维持。而且，为了对流出到河口，并淤积在河道中的大量土砂实施排除处理，在河口部设置具有多个空隙的另外一个“空心海域（UTSRO）”B，在涨潮作用下引入泥土，进行沉积净化，形成干地和堆积地域，在落潮时，将干净的水聚集在河道中产生潮流。另外，通过设置包围轮廓部的堤坝体8’，防止泥水向外水域流出，用这些效果进一步维持高河道。此外，为了维持“空心海域（UTSRO）”A的功能，加长水路长度来防止混浊水流入。

摘要附图

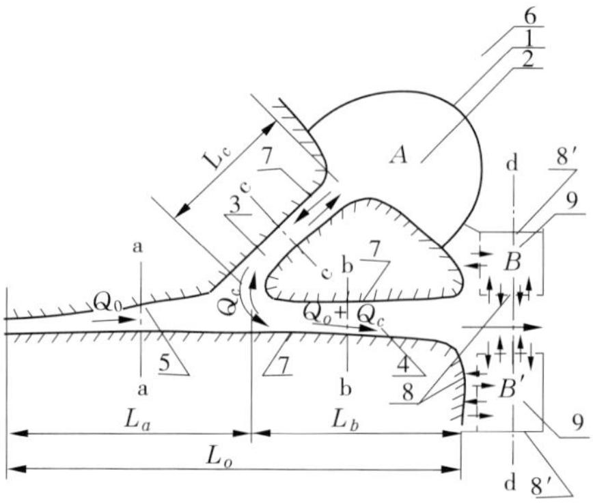

权 利 要 求 书

1．一种利用基于“空心海域（UTSRO）”的潮流产生装置的治水以及水利系统，其特征在于：

在有潮流水位变化的水域中，用堤坝结构包围而成的水域被称为“空心海域（UTSRO）”，将“空心海域（UTSRO）”A 的水域以水路形式开放的水路口向河流上游部延伸，在具有潮流水位变化的河流上游水域处开放，利用基于该“空心海域（UTSRO）”A 的潮流产生装置，使得从开放口到下流部 L_b 区间成为潮汐支配的河流，如果过去的河流延长是 L_o 的话，那么河流的功能延长是（L_o-L_b），河流上游部的延长为 L_a，能够缩短河流的功能延长。

因此，如果河流的最上游部的河床高度是 H_o，在过去的河床坡度 I_o（H_o/L_o）下，河流上游部的河床坡度自然地成为稳定坡度 I_a（H_o/L_o-L_b），$I_o<I_a$ 的时候，河床坡度增大，河流的流速增大，河床的水流冲刷能力提高，造成对河床的冲洗、挖掘而使其变深，使得河流的导水剖面增大，洪水的疏导能力得到提高，河流上游部的治水效果以及内水排除效果得到提高。

2．一种利用基于“空心海域（UTSRO）”的潮流产生装置的治水以及水利系统，其特征在于：在河流的下游部，扩大“空心海域（UTSRO）”A 的规模，提高潮流产生能力，产生与河流的洪水流量匹敌的潮流，提高水流冲刷能力，加深河床，使得下游部的河流剖面增大，提高河流下游部中洪水的疏导能力，提高航路的维持和治水效果。

3．一种利用基于“空心海域（UTSRO）”的潮流产生装置的治水以及水利系统，其特征在于：在河口部处设置，用具有多处空隙的透过结构堤坝包围将来可能的干地、淤积的水域而成的“空心海域（UTSRO）”B，利用潮汐作用，将从河流上游部流出的、淤积在河口河道中的泥水引入到涨潮时的“空心海域（UTSRO）”B 中去，将泥水中的泥沉积使得泥水净化，产生干地和堆埋地域，落潮的时候用沉积净化之后的干净水，在河道中产生聚集的潮流，避免河口堵塞，维持河道，提高洪水的疏导能力，提高了航路的维持和治水效果。

4．一种利用基于“空心海域（UTSRO）”的潮流产生装置的治水以及水利系统，其特征在于：通过设置包围“空心海域（UTSRO）”B 外轮廓部的堤坝体 8′，防止泥水向外海 6 流出，增加河口部的潮流，保持河口的海水域，使得河流水域的水产资源变丰富，提高洪水的疏导能力，提高了航路的维持和治水效果。

5．一种利用基于“空心海域（UTSRO）”的潮流产生装置的治水以及水利系统，其特征在于：为了延续“空心海域（UTSRO）”A 的潮流产生装置的功能，降低被称为“空心海域（UTSRO）”A 的开放水路 3（防止混浊水路）的防止混浊水路 3 长度 L_b 与从“空心海域（UTSRO）”A 的开放口开始的“空心海域（UTSRO）”A 的入潮长度 L_t 的比。

说　明　书

利用“空心海域（UTSRO）”潮流产生装置的治水和水利系统

技术领域

本发明涉及利用“空心海域（UTSRO）”潮流产生装置的治水和水利系统。

背景技术

由于从河流上游部流出的泥砂，以及近代河口两岸的堆埋等使得河流扩展慢慢增加，河流整体的河床坡度变缓。这样，土砂沉降在河道里，河床上升，降低了河流的洪水疏导能力，航运和堤内积水排除变得困难。

以前都是人工挖掘河床，在河道中设置导流堤，利用河流流动的能量，去维持河床的深度，但在产生洪水的时候，其在妨碍洪水疏通、助长悬河现象、堤内积水排除等方面都存在问题。

因此，利用以前已经进行过开发的“空心海域（UTSRO）”潮流产生装置，对受到潮汐影响的河流下游和河口部，积极地导入潮汐的能量，来进行河流下游和河口的维持疏浚，由此有效缩短河流扩展，提高河床坡度，有助于治水，同时利用已有的“空心海域（UTSRO）”水域净化系统，积极地引入从上游部流出的混浊水，提高洪水疏导能力的同时，净化了河流混浊水，形成干地和陆地等等，有助于河流水的保持。

发明内容

如图 1 所示，本发明在潮流水位具有变化的水域中，用堤坝结构包围而成的水域被称为“空心海域（UTSRO）”，使在水路中开放“空心海域（UTSRO）”A 的水域的水路口向河流上游部延伸，在具有潮流水位变化的河流上游水域处利用开放的“空心海域（UTSRO）”A 的潮流产生装置，使得从开放口到下流部 L_b 区间成为潮汐支配的河流，如果过去的河流延长是 L_o 的话，那么河流的功能延长是（L_o-L_b），河流上游部的延长

为 L_a，能够缩短河流的功能延长。

通过将潮汐的能量和河流流动的能量的比例进行再次分配，在上游部处，使得过去的河流流动的能量占有优势，在河口部处积极地导入潮汐的能量，使得潮汐的能量占优势，从而能够在上游部处缩短河流的功能延长，有助于治水。

虽然在河流上游的山间部处河床高度基本没有什么变化，但是在冲积平原处，如果河流的功能延长变短的话，则河床坡度变大，流速变快，水流冲刷力提高，河床被向深方向冲洗、挖掘，河流的洪水疏通剖面得到扩大，同时，还能够抵消悬河现象，提高上游部的治水效果。

另外，在河流的下游部处，扩大如图 1 所示的“空心海域（UTSRO）”A 的规模，提高潮流产生能力，通过该方式，增加了由下游部的潮汐引起的流量，提高了水流冲刷力，加深了河床，总是能够确保洪水的疏通剖面，从而在下游部处的治水效果也能够进一步提高，还能够有助于堤内积水排除、在河口部处的航路的维持疏浚等等。

另外，在河口部从上流流出的砂泥由于流速的降低而沉降在河道里，使得河道变浅。由此，选择将来可能造成堆埋、干地的水域，设置用具有多空隙的透过结构堤坝来包围而成的“空心海域（UTSRO）”B（静态稳定净化水域），在涨潮时，引入在上游冲刷挖掘流出的泥水，利用“空心海域（UTSRO）”B 的静态稳定净化水域，使得泥水的泥沉积下去，形成干地或者堆埋地等等，在落潮的时候，将净化了的水聚集在河道里，加到由“空心海域（UTSRO）”A 产生的潮流中去，使得河口流量增加，来维持河道的剖面。

而且，通过设置包围“空心海域（UTSRO）”B 外轮廓部的堤坝体 8′，防止泥水向外海 6 流出，增加河口部的潮流，保持河口的海水域，使得河流水域中的水产资源变得丰富，并且提高洪水的疏通能力，进行航路的维持，并提高治水和水利用效果。

另外，为了永远维持“空心海域（UTSRO）”A 的潮流产生装置的功能，阻止“空心海域（UTSRO）”A 的涨潮导致的河流泥水的流入，必须加长“空心海域（UTSRO）”A 的开放水路3的延长 L_b，但是要使其满足 $L_b > L_t \times \alpha$（L_t：开放水路中河流导致的涨潮长度，α：水路扩散的系数）的条件（因此，开放水路 3 也称为防止混浊水路）。

附图说明

图 1 是河流的简图，是在河口的支流口上设置了利用“空心海域（UTSRO）”A 的潮流产生装置，另外，在主流河口部上设置了引入流出泥砂的“空心海域（UTSRO）”B 的俯视图。

图 2 是上述图 1 中主河流的纵向剖面图。

图 3 是各个河流的横向剖面图。

a—a 剖面是河流上游 5 水域的横向剖面图。

b—b 剖面是河流下游 4 水域的横向剖面图。

c—c 剖面是潮流产生水路 3 的横向剖面图。

d—d 剖面是河口外水域的横向剖面图。

图中：

1：构成“空心海域（UTSRO）”A 的包围堤

2：“空心海域（UTSRO）”A 的堤内积水域

3：“空心海域（UTSRO）”A 的开放水路（也称为防止混浊水路）

4：河流的下游部

5：河流的上游部

6：外水域

7：陆地或者护岸堤

8：“空心海域（UTSRO）”B 的透过堤

8′：包围“空心海域（UTSRO）”B 的外轮廓部的堤坝体

9：“空心海域（UTSRO）”B 的堤内积水域

9’：“空心海域（UTSRO）”B 的堤内积水域中沉降的砂泥

10：过去的河流的河床高度

11：过去的河流的水面高度

12：过去的河流陆地高度

13：过去的河流的 HHWL

14：过去的河流堤防高度

15：终结河床

16：新河流的稳定河床

17：潮流直接冲洗挖掘产生的新河床

18：潮汐的 THWL

19：潮汐的 TLWL

20：潮流挖掘出来的河床

虚线箭头：外部水位下降时（落潮）所产生的水流（潮流）方向

实线箭头：外部水位上升时（涨潮）所产生的水流（潮流）方向

具体实施方式

为了对本发明进行进一步详细说明，下面根据附图进行说明。

如图 1 的俯视图所示，在潮流水位具有变化的水域中，用堤坝结构 1 包围而成的水域被称为“空心海域（UTSRO）”，使在水路中开放“空心海域（UTSRO）”A 的水域的水路口向河流上游部延伸，在具有潮流水位变化的河流上游水域处利用开放的“空心海域（UTSRO）”A 的潮流产生装置，使得从开放口到下流部 L_b 区间成为潮汐支配的河流，如果过去的河流延长是 L_o 的话，那么河流的功能延长是（L_o -L_b），河流上游部的延长为 L_a，能够缩短河流的功能延长。

在河流的形成过程中，由流出的砂泥形成冲积平原，造成河流的规模扩大；另外，除造成缓慢流动的河流外，河口部的干流也会分成几条支流流入大海。

这样的支流 3 的河口部中，形成由构成图1所示“空心海域（UTSRO）”A 的非透过性堤坝体 1 包围的水域，通过支流 3，释放至主流 4，从而如果在外海 6 中产生潮位变化，通过河流的下游部 4，经过支流 3（开放水路），反复流入流出到“空心海域（UTSRO）”A 中去。

如果称河流本来的固定流量为 Q_o，和称从“空心海域（UTSRO）”A 中流出的潮流为 Q_c，则形成潮落时的河流下游部 4 的水量 Q_b 是（$Q_b = Q_o + Q_c$）。河流本来的固定流量 Q_o 虽然是根据河流本身限定的，但是从“空心海域（UTSRO）”A 中流出的潮流 Q_c 则是可以根据“空心海域（UTSRO）”A 的规模而增大的。

通过扩大“空心海域（UTSRO）”A 的规模，形成使潮流产生流量 Q_c 与河流的洪水流量相匹敌的规模的“空心海域（UTSRO）”A，使得在河流下流部 4 的水域中总是反复流出流入能够与洪水流量相匹敌的潮流量 Q_b。

这样，即使匹敌于洪水的巨大潮流 Q_b 流向河流河口部 4，由于其是所谓潮汐所产生的水流，是在海水水平面以下（THWL）的水流，不会溢出陆地区域的堤防高度。

因此，如图 1 所示那样，通过在支流 3 的河口中构成“空心海域（UTSRO）”A，虽然看起来河流下游部 4 的延长 L_b 在形状上构成河流的下游部，但是功能上具有海峡或者滩涂等的性质。因此，如果过去的整条河流是 L_o 的话，那么（L_o-L_b）即是上游部河流延长，L_a 则成为新河流的功能延长。

过去的河流上游部的河床高度是 H_o 的话，过去的河床坡度则是（H_o/L_o），新河流的河床坡度 I_a 是（$H_o/(L-L_o)$），如图 2 所示，$I_o<I_a$，故河床坡度变大。

一旦上游部的河床坡度变大，流速也变大，水流冲刷力提高了，河床被冲洗挖掘的更深，河流的洪水疏通剖面变大。由此，缓缓抵消了悬河现象，提高了治水能力。

另外，在河流的下游部4，通过扩大如上所述的“空心海域(UTSRO)”A 的规模，产生与河流的洪水流量相匹敌的潮流，能够加深河床，扩大洪水疏通剖面并提高河流下游部 4 的治水效果。

而且，在河口部处从上游流出去的大量砂泥沉积在河道里，使得河道变浅，对洪水的疏通能力以及船舶的航行等等产生障碍。

由此，在河口部的水域中，选择将来可能堆埋和形成干地的水域，设置由具有多空隙的堤坝体（透过结构的堤坝体）8 包围的另一个“空心海域（UTSRO）”B（静态稳定净化水域），利用潮汐的涨潮作用，将流出到河口的巨大的河流泥水引入到“空心海域（UTSRO）”B 以及 B’ 水域 9 中，使其沉降净化，产生干地或者堆埋地等等，在落潮的时候将沉降净化之后的水聚集在河道里，在河道中产生潮流，能够进一步提高河口中河道的水流冲刷力，将河道维持为深河道，始终确保河口部处的洪水的水流通过剖面，从而有助于航路的维持疏浚。

而且，通过用包围“空心海域（UTSRO）”B 的外轮廓部的非透过性堤坝体或者半透过性堤坝体来设置堤坝体 8′，防止泥水向外海 6 流出，保持河口的海水域，使得河流水域的水产资源变得丰富，增加河口部中河流的潮流，提高洪水的疏通能力，提高航路的维持和治水效果。

另外，为了永久地维持利用“空心海域（UTSRO）”A 的潮流产生装置的功能，阻止河流的混浊水流入“空心海域（UTSRO）”A 内，加长“空心海域（UTSRO）”A 的开放水路 3 的延长 L_b，必须满足$L_b > V_b \times t \times \alpha$（$V_b$：开放水路的平均流速，$t$：涨潮时间，$\alpha$：水路的扩散系数的条件)。（因此，开放水路 3 也称为“空心海域（UTSRO）”A 的防止混浊水路）

工业上的可利用性

在河流的河口部，由于从上游部流出的泥砂，以及近代两岸的堆埋等，使得在河流的河口部处河流的延长慢慢增加，并使得河流整体的河床坡度变缓，导致河流的洪水疏通能力降低。另外，在河口部处造成河床上升，造成航运和堤内积水排除困难。

由此，作为一种利用了自然的能量，加上过去的河流重力的势能，在下游部处加强潮汐的能量，谋求河道的维持疏浚，净化泥水，集中泥水中的泥形成广阔的干地或者堆埋地的系统，一种在其实施期间由于遇到洪水、高潮等情况而短期实施的系统，不是过去利用石油和煤等机械来进行维持疏浚的系统，而是能够相融于环境的系统，在工业上具有很大的可利用性。

说 明 书 附 图

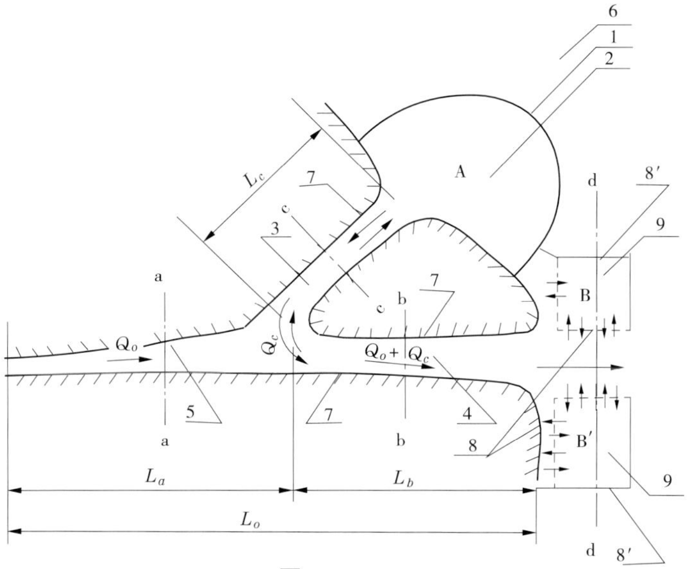

6
1
2
A
L_c
7
c
3
a
c
c
b
7
d
8′
9
B
Q_o
Q_c
Q_o + Q_c
5
7
4
8
B′
a
b
9
L_a
L_b
L_o
d
8′

图1

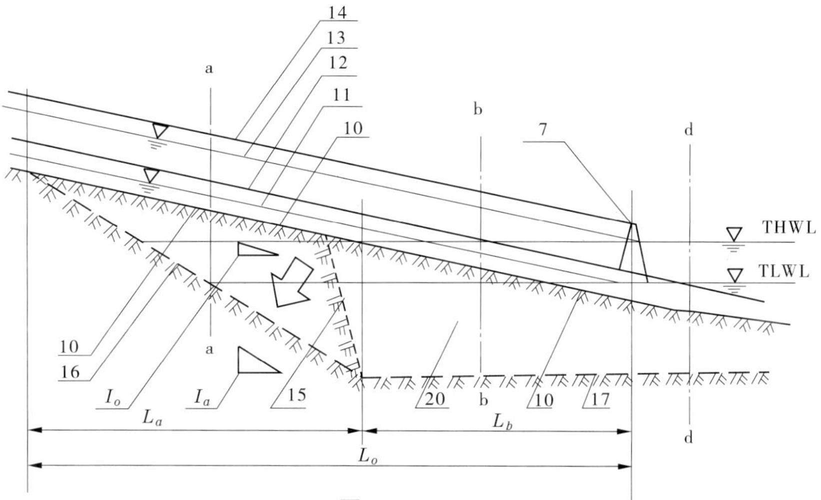

14
13
12
11
10
a
b
7
d
THWL
TLWL
10
16
a
I_o
I_a
15
20
b
10
17
d
L_a
L_b
L_o

图2

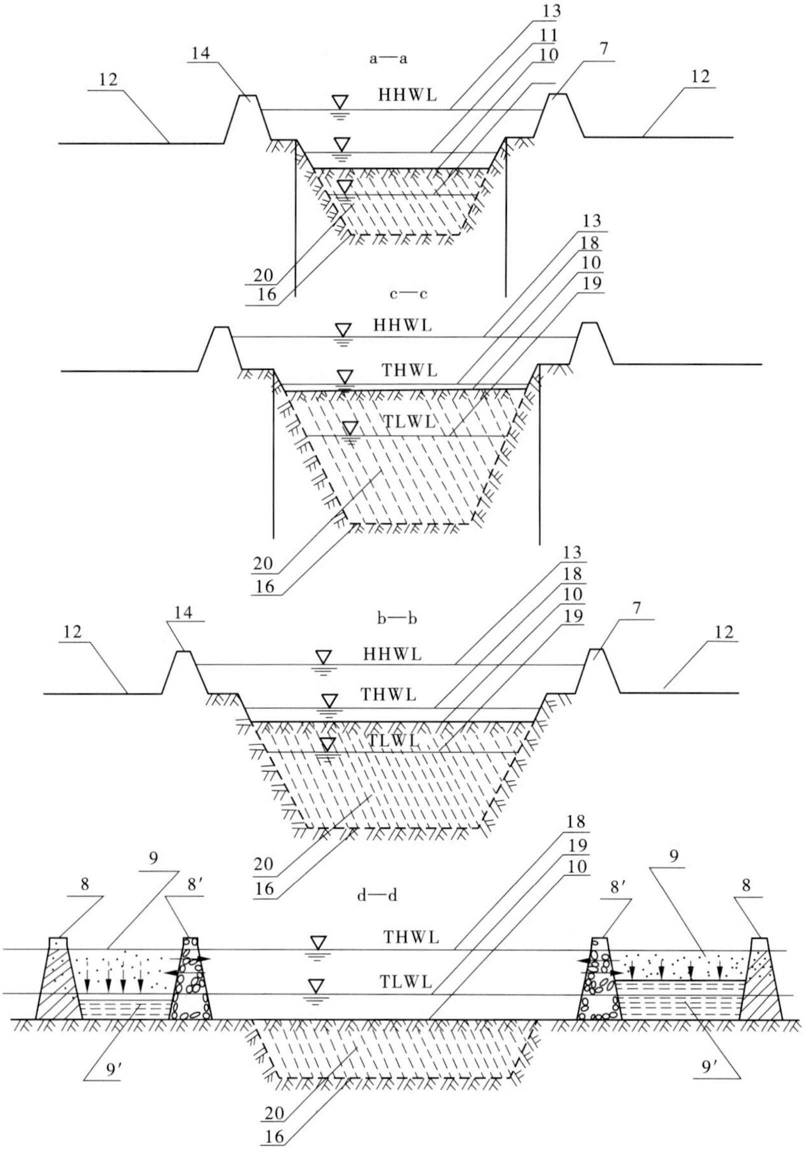
a—a
14
12
13
11
10
7
12
HHWL
20
16
c—c
13
18
10
19
HHWL
THWL
TLWL
20
16
b—b
13
18
10
19
14
7
12
12
HHWL
THWL
TLWL
20
16
d—d
18
19
10
8
9
8′
8′
9
8
THWL
TLWL
9′
9′
20
16

图 3

4. 奖状

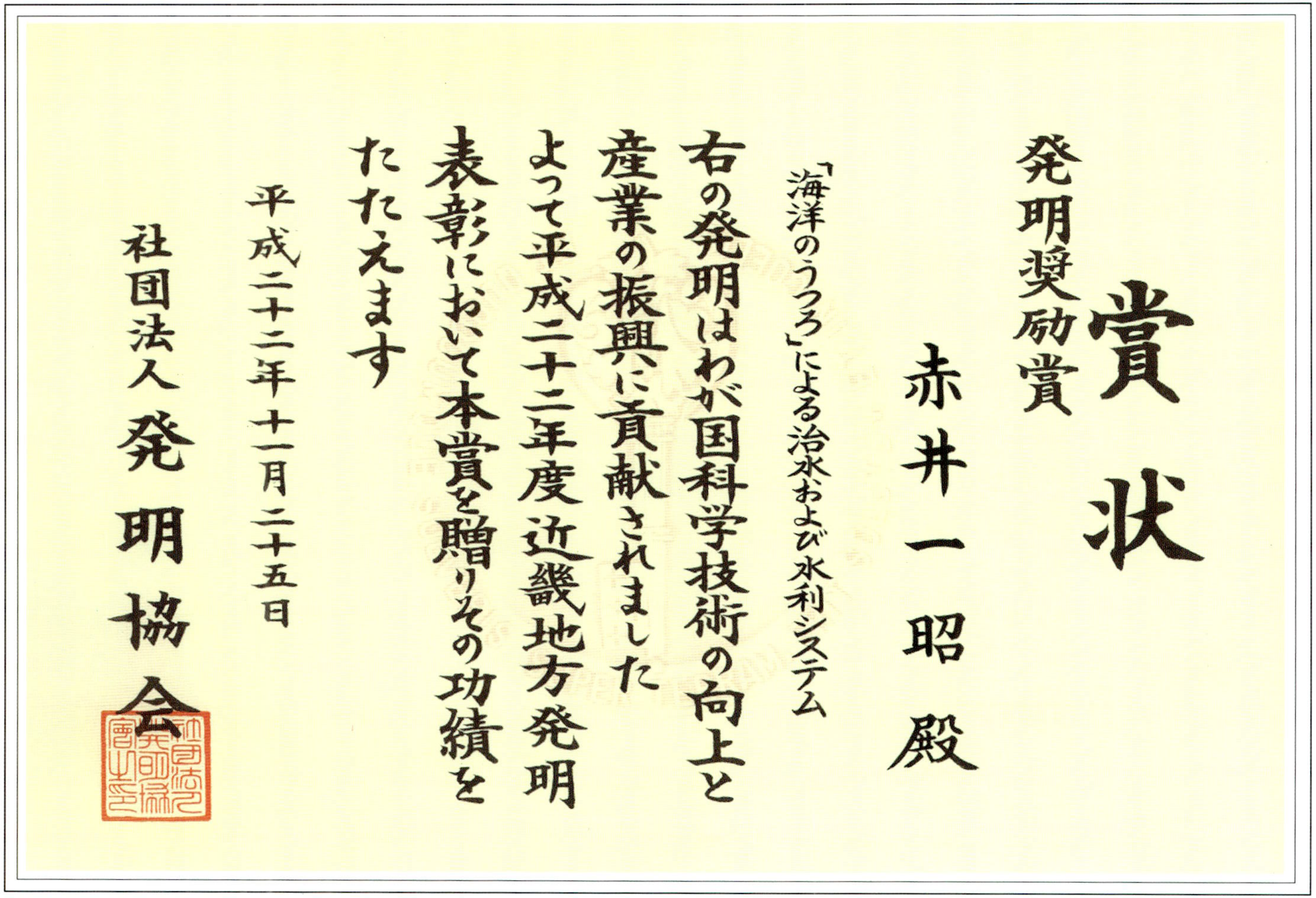
賞状

発明奨励賞

赤井一昭殿

「海洋のうつろ」による治水および水利システム

右の発明はわが国科学技術の向上と
産業の振興に貢献されました
よって平成二十二年度近畿地方発明
表彰において本賞を贈りその功績を
たたえます

平成二十二年十一月二十五日

社団法人発明協会